엔트리로 시작하는 코딩 첫걸음

Why? 코딩 워크북 ❸ 게임

2016년 11월15일 1판1쇄 발행 | 2020년 7월10일 1판4쇄 발행

글 정진희 **그림** 이영호 **감수** 송상수
회장 나춘호 **펴낸이** 나성훈 **펴낸곳** (주)예림당
등록 제2013-000041호 **주소** 서울시 성동구 아차산로 153 예림출판문화센터
구매 문의 전화 전략 마케팅 561-9007 **팩스** 562-9007
책 내용 문의 전화 3404-9220
http://www.yearim.kr

출판사업부문 이사 백광균
책임 개발 박효정 / 서인하 문새미 **편집** 전윤경 **디자인** 이정애 / 강임희 김지은 백지현
국제 업무 김대원 / 최고은 김혜진 **제작** 정병문 / 신상덕 곽종수 홍예솔 **홍보 마케팅** 박일성
전략 마케팅 채청용 / 김희석 임상호 전훈승 / 전기남 최순예 김종석 전주환
　　　　　　김충원 안민혁 오혜민 진혜숙 박가영 한수현 이현규

ⓒ 2016 초등컴퓨팅교사협회 예림당

ISBN 978-89-302-3053-7 74400
ISBN 978-89-302-3050-6 74400(세트)

* 이 도서에는 아모레퍼시픽에서 제공한 아리따글꼴이 적용되어 있습니다.

이 책은 저작권법에 따라 보호받는 저작물이므로 무단 전재와 무단 복제를 금합니다.
이 책의 표지 이미지나 내용 일부를 사용하려면 반드시 (주)예림당의 서면 동의를 받아야 합니다.

이 도서의 국립중앙도서관 출판예정도서목록(CIP)은 서지정보유통지원시스템 홈페이지 (http://seoji.nl.go.kr)와
국가자료공동목록시스템(http://www.nl.go.kr/kolisnet)에서 이용하실 수 있습니다.(CIP제어번호: CIP2016026778)

어린이제품 안전특별법에 의한 제품 표시사항

제품명 | 도서　제조자명 | (주)예림당　제조국명 | 대한민국　전화번호 | 02)566-1004
주소 | 서울시 성동구 아차산로 153　제조년월 | 발행일 참조　사용연령 | 8세 이상

주의! 책의 모서리가 날카로우니, 던지거나 떨어뜨려 다치지 않도록 주의하세요.

엔트리로 시작하는 코딩 첫걸음

Why? 코딩 워크북

글 정진희(초등컴퓨팅교사협회) 그림 이영호 감수 송상수(엔트리교육연구소)

③ 게임

들어가는 말

생각하는 힘을 키우는 즐거운 코딩!

여러분은 '소프트웨어'라는 말을 들어 본 적 있나요? 우리 생활을 편리하게 해 주는 컴퓨터나 스마트폰 같은 전자 기기는 모두 소프트웨어로 작동합니다. 소프트웨어가 없다면 컴퓨터는 그저 비싼 깡통에 불과합니다. 그만큼 소프트웨어가 중요하다는 말이지요. 앞으로 인공 지능과 로봇, IoT(사물인터넷) 등이 발전하면서 우리 생활에서 소프트웨어는 한층 더 중요하게 자리 잡게 될 것입니다.

이와 발맞추어 2019년에는 초등학교에서 의무적으로 SW(소프트웨어)교육을 할 예정에 있습니다. 수업 시간에 아이들 스스로 프로그램을 만들어 보는 것입니다. SW교육은 그저 컴퓨터 프로그램을 만드는 기술을 가르치는 것이 아닙니다. 어떤 프로그램을 어떻게 만들지 구상하며 창의력을, 컴퓨터가 명령어를 실행할 수 있도록 논리적으로 코딩하는 과정을 통해 컴퓨팅 사고력을, 문제에 맞닥뜨렸을 때 이를 해결해 나가는 과정을 통해 문제 해결력을 키울 수 있습니다.

컴퓨터로 프로그램 만드는 걸 코딩이라고 해요.

직접 컴퓨터 프로그램을 만든다? 왠지 어려울 것 같다고요? 그렇지 않습니다. 쉽게 코딩을 할 수 있게 도와주는 마법 같은 프로그래밍 언어, 엔트리가 있으니까요. 엔트리는 그동안 사용해 왔던 복잡하고 어려운 컴퓨터 언어 대신 블록 형태로 되어 있어 장난감 블록을 끼워 맞추듯 명령어를 조립하면 프로그램을 만들 수 있습니다.

엔트리를 이용하면 좋아하는 동화를 애니메이션으로 만들 수도 있고, 내가 원하는 대로 게임을 만들 수도 있습니다. 식물의 성장 과정을 알려 주는 교육 프로그램도, 도난 방지 프로그램도 만들 수 있지요.

내가 상상한 대로 프로그램을 만들고 직접 실행시켜 보는 것은 아주 중요하고 특별한 경험이 될 것입니다. 이제 <Why? 코딩 워크북> 시리즈로 즐겁게 코딩을 시작해 보세요! 하나씩 따라 하며 코딩을 이해하다 보면 어느새 코딩 자신감이 쑥쑥 자라날 것입니다.

저자 소개

초등컴퓨팅교사협회는 다방면에서 SW교육을 실천하고 있는 선생님들의 모임입니다. SW교육을 위한 교사 및 학생 연수를 주최하고, <EBS 소프트웨어야 놀자 1, 2> 제작에 참여했습니다. SW교육 관련 국제 교류 사업 및 SW교육 연계 로봇 페스티벌 등 다양한 기획을 추진 중에 있습니다.

이 책을 쓰신 **정진희 선생님**은 경인교육대학원에서 초등 컴퓨터교육 석사 과정을 마치고, 현재 SW교육 연구학교에서 근무하고 있습니다. 교육부 SW교육 초등 교재를 집필했고, <EBS 소프트웨어야 놀자 2> 개발에 참여하였습니다. 학생들이 깊이 있게 생각하고 서로의 의견을 나누며 발전할 수 있는 기회를 제공하고자 항상 노력하고 있습니다.

이 책을 감수하신 **송상수 연구원**은 엔트리교육연구소 수석연구원으로, <EBS 소프트웨어야 놀자> 방송 기획·강의, 교육부 SW교육 선도교원 연수 교재 집필·강의, 교육부 SW교육 원격연수 개발, EBS 소프트웨어 교육 원격연수 개발·강의, <소프트웨어야 놀자> 교사용 지도서 집필 등 SW교육과 관련된 다양한 활동을 하고 있습니다.

이 책의 특징

이 책은 크게 5단계로 구성되어 있습니다.
순서대로 따라 하기만 하면 코딩의 원리를 배우고,
뚝딱뚝딱 쉽게 프로그램을 완성할 수 있지요.
꼼지, 엄지, 박사님, 엔트리봇과 함께 차근차근 따라 해
보세요. 스스로 생각하며 프로그램을 만들어
보는 사이, 코딩 실력이 쑥쑥 늘어날 것입니다.

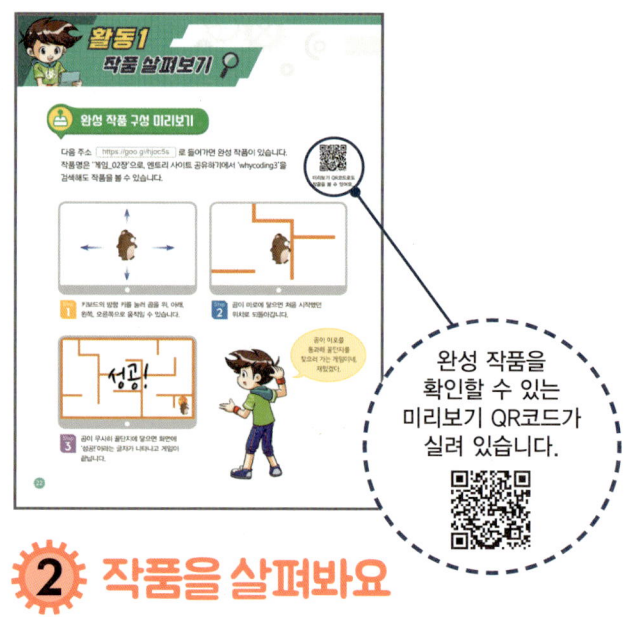

1. 만화를 읽어요

각 장 첫 페이지에 도입 만화가
있습니다. 만화를 통해 각 장에서
배울 원리를 살짝 엿볼 수 있습니다.

2. 작품을 살펴봐요

<활동1>에서 완성 작품을 미리 살펴보며
어떤 오브젝트가 필요한지, 어떤 식으로
코딩할지 생각해 봅니다.

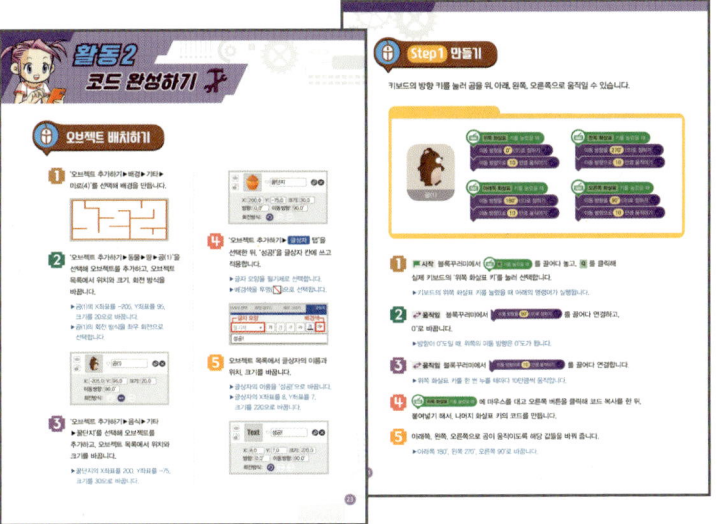

3 코드를 만들어요

〈활동2〉에서 직접 코딩해 봅니다. 하나하나 그대로 따라 하면 누구나 쉽게 코드를 완성할 수 있습니다. 중요한 원리는 팁박스로 따로 설명되어 있습니다.

미션을 해결하면 코딩 실력이 한 단계 업그레이드 될 거예요!

엄지

4 코드를 확인해요

전체 코드를 한눈에 보면서 제대로 코딩했는지 확인합니다.

5 미션에 도전해요

각 장의 마지막에는 〈코딩, Level Up!〉 미션이 있습니다. 앞에서 배웠던 원리를 참고로 직접 미션을 해결해 봅니다.

목차

1장 상어 피하기 게임 11
전체 코드 확인하기 19
코딩 Level Up! 20

2장 미로 탈출 게임 21
전체 코드 확인하기 29
코딩 Level Up! 30

3장 공 받기 게임 31
전체 코드 확인하기 39
코딩 Level Up! 40

4장 하늘의 별 따기 게임 41
전체 코드 확인하기 54
코딩 Level Up! 56

5장 가위바위보 게임 ········ 57

전체 코드 확인하기 ──── 69
코딩 Level Up! ──────── 70

6장 칠교놀이 ──── 71

전체 코드 확인하기 ──── 88
코딩 Level Up! ──────── 90

7장 사과 찾기 게임 ──── 91

전체 코드 확인하기 ──── 108
코딩 Level Up! ──────── 110

8장 두더지 잡기 게임 ──── 111

전체 코드 확인하기 ──── 133
코딩 Level Up! ──────── 136

코딩 Level Up! 정답 페이지 ──── 137

1장
상어 피하기 게임

 꼼지가 재미있는 생각을 했네요. 마우스로 물고기를 움직여 상어를 피하는 게임을 만들려면 어떻게 하면 좋을까요?

활동1 작품 살펴보기

 **완성 작품 구성 미리보기**

다음 주소 [https://goo.gl/OSI1Ai] 로 들어가면 완성 작품이 있습니다. 작품명은 '게임_01장'으로, 엔트리 사이트 공유하기에서 'whycoding3'을 검색해도 작품을 볼 수 있습니다.

미리보기 QR코드로도 작품을 볼 수 있어요.

 Step 1 상어가 화면을 돌아다니다가 화면 끝에 닿으면 안쪽으로 이동합니다.

Step 2 상어가 화면 끝에 닿으면 또 다른 상어 한 마리가 나타납니다. 시간이 지날수록 상어가 점점 많아집니다.

 Step 3 주황 물고기는 마우스포인터를 따라다닙니다.

 Step 4 주황 물고기가 상어에게 닿으면 게임이 멈춥니다.

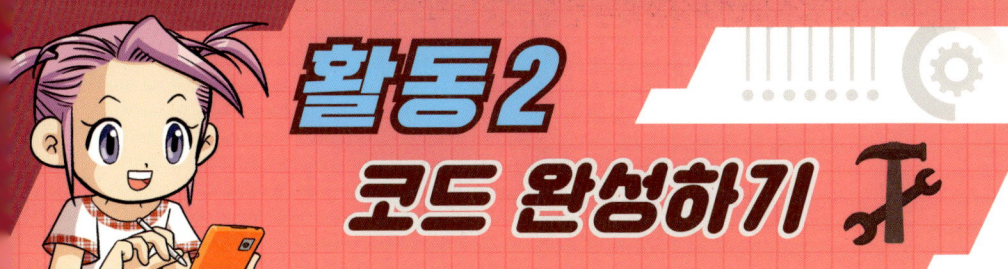

오브젝트 배치하기

1 '오브젝트 추가하기 ▶ 배경 ▶ 자연 ▶ 바닷속(1)'을 선택해 배경을 만듭니다. 오브젝트 추가하기 창에서 '바닷속(1)'을 검색해서 찾아도 됩니다.

2 '오브젝트 추가하기 ▶ 동물 ▶ 물 ▶ 상어(1)'을 선택해 오브젝트를 추가하고, 오브젝트 목록에서 위치와 크기, 회전 방식을 바꿉니다.

▶ 상어의 X좌표를 −171, Y좌표를 −6으로 바꿉니다.
▶ 상어의 크기를 60으로 바꿉니다.
▶ 상어의 회전 방식을 좌우 회전으로 선택합니다.

3 '오브젝트 추가하기 ▶ 동물 ▶ 물 ▶ 주황 물고기'를 선택해 오브젝트를 추가하고, 오브젝트 목록에서 위치와 크기를 바꿉니다.

▶ 주황 물고기의 X좌표를 45, Y좌표를 −20으로 바꿉니다.
▶ 주황 물고기의 크기를 35로 바꿉니다.

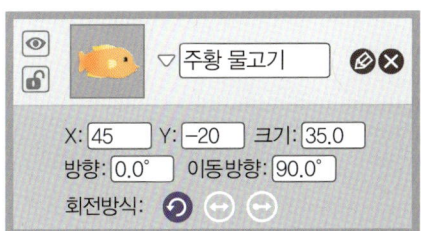

4 적절하게 배치되었는지 확인합니다.

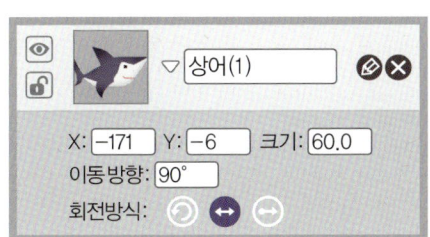

잠깐!

기본 회전 방식인 전 방향 회전( )을 선택하면 화면 끝에 닿아 튕길 때 상어가 뒤집힙니다. 상어가 뒤집히지 않고 좌우로 이동하게 하려면 좌우 회전( )을 선택해야 합니다.

Step 1 만들기

상어가 자유롭게 움직이다가 화면 끝에 닿으면 화면 안쪽으로 튕겨 들어옵니다.

1 🚩 **시작** 블록꾸러미에서 ▶ 시작하기 버튼을 클릭했을 때 를 끌어다 놓습니다.
▶ 시작하기 버튼을 클릭하면 아래 연결된 명령어가 실행됩니다.

2 ↔ **움직임** 블록꾸러미에서 이동 방향을 90° (으)로 정하기 를 끌어다 연결하고, 135°로 바꿉니다.
▶ 게임에 재미를 주기 위해 상어의 첫 이동 방향을 바꿔 준 것입니다. 이동 방향은 자신이 원하는 값으로 바꿔도 됩니다.

3 ⋀ **흐름** 블록꾸러미에서 계속 반복하기 를 끌어다 연결합니다.
▶ 블록 안의 내용을 프로그램이 종료될 때까지 계속 반복합니다.

4 ↔ **움직임** 블록꾸러미에서 이동 방향으로 10 만큼 움직이기 를 끌어다 반복 블록 안쪽에 연결하고, 5로 바꿉니다.
▶ 상어가 움직이는 속도를 조정하는 것으로, 숫자가 클수록 움직임이 더 빨라집니다.

5 ↔ **움직임** 블록꾸러미에서 화면 끝에 닿으면 튕기기 를 끌어다 연결합니다.
▶ 상어가 화면 끝에 닿으면 안쪽으로 튕겨 이동합니다.

Step2 만들기-①

상어가 화면 끝에 닿으면 자신과 똑같은 상어 오브젝트가 하나 더 만들어집니다.

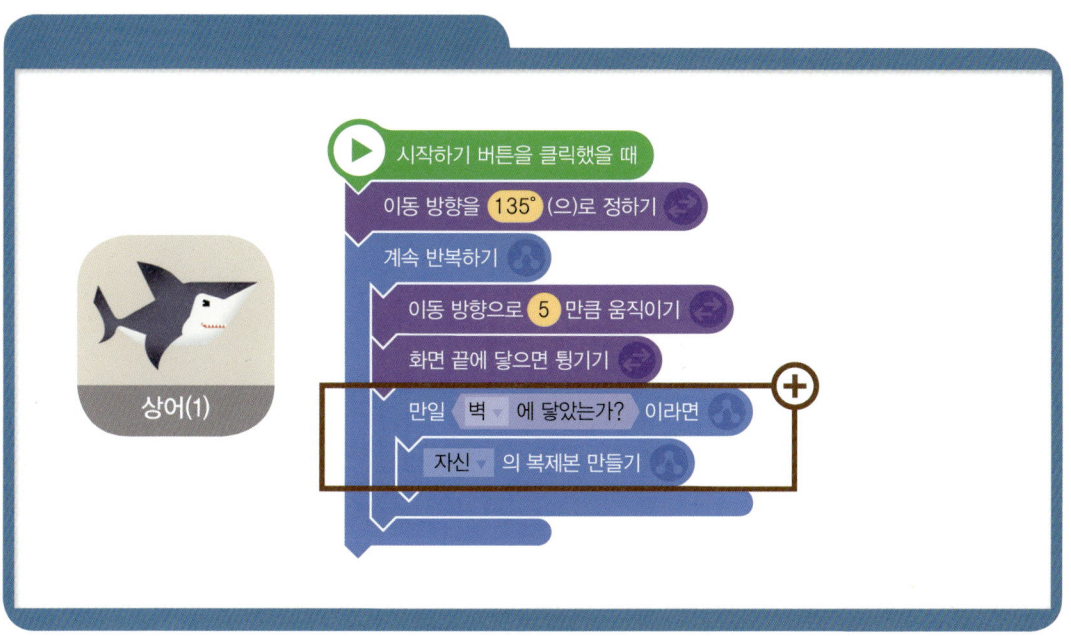

1 흐름 블록꾸러미에서 `만일 참 이라면` 을 끌어다 반복 블록 안쪽에 연결합니다.

2 판단 블록꾸러미에서 `마우스포인터에 닿았는가?` 를 끌어다 `참` 부분에 끼워 넣고, ▼를 클릭해 '벽'을 선택합니다.
  ▶벽이란 화면의 바깥쪽 끝부분을 말하는 것으로, 화면 끝에 상어가 닿았을 때 안쪽의 명령어가 실행됩니다.

3 흐름 블록꾸러미에서 `자신의 복제본 만들기` 를 끌어다 연결합니다.
  ▶자신과 같은 모양을 화면에 하나 더 만듭니다.

 Step2 만들기-②

복제된 상어는 기존의 상어 오브젝트와 다른 방향으로 움직입니다.
그리고 상어 복제본 역시 벽에 닿으면 화면 안쪽으로 튕겨 들어오지만,
자신과 같은 상어 복제본을 만들어 내지는 못합니다.

1 ♦흐름 블록꾸러미에서 `복제본이 처음 생성되었을 때` 를 끌어다 연결합니다.
  ▶ 복제본이 만들어졌을 때 복제본이 아래의 명령어를 따릅니다.

2 ⇄움직임 블록꾸러미에서 `이동 방향을 90° 만큼 회전하기` 를 끌어다
연결하고, 60°로 바꿉니다.
  ▶ 기존의 상어와 다른 방향으로 움직이도록 이동 방향을 회전시켜 준 것입니다.
    실행시켜 본 뒤 더 재미있을 것 같은 수치로 바꿔도 괜찮습니다.

3 ♦흐름 블록꾸러미에서 `계속 반복하기` 를 끌어다 연결합니다.

4 ⇄움직임 블록꾸러미에서 `이동 방향으로 10 만큼 움직이기` 를
끌어다 반복 블록 안쪽에 연결하고, 5로 바꿉니다.

5 ⇄움직임 블록꾸러미에서 `화면 끝에 닿으면 튕기기` 를
끌어다 연결합니다.

반복 블록과 그 안에 있는 블록들은 14쪽에서 한 번 만들었던 블록이죠? 이럴 때는 오른쪽 마우스를 클릭해 복사한 뒤 붙여넣기를 하면 더 쉽게 명령어를 완성할 수 있습니다.

Step3 만들기

주황 물고기는 계속 마우스포인터를 따라다닙니다.

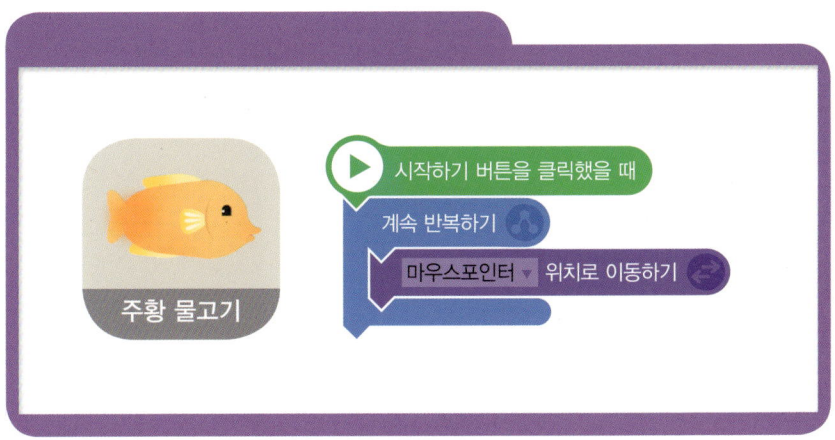

1 주황 물고기에 명령어를 넣으려면 오브젝트 목록이나 실행 화면에서 주황 물고기를 클릭해 선택합니다.

2 시작 블록꾸러미에서 시작하기 버튼을 클릭했을 때 를 끌어다 놓습니다.

3 흐름 블록꾸러미에서 계속 반복하기 를 끌어다 연결합니다.
  ▶ 시작과 동시에 계속 마우스포인터를 따라다녀야 하므로 계속 반복하기를 사용합니다.

4 움직임 블록꾸러미에서 주황 물고기 위치로 이동하기 를 끌어다 반복 블록 안쪽에 연결하고, ▼를 클릭해 '마우스포인터'를 선택합니다.
  ▶ 주황 물고기가 마우스포인터의 위치로 이동합니다.

 **Step4 만들기**

주황 물고기가 상어에게 닿으면 모든 움직임이 멈추고 게임이 끝납니다.

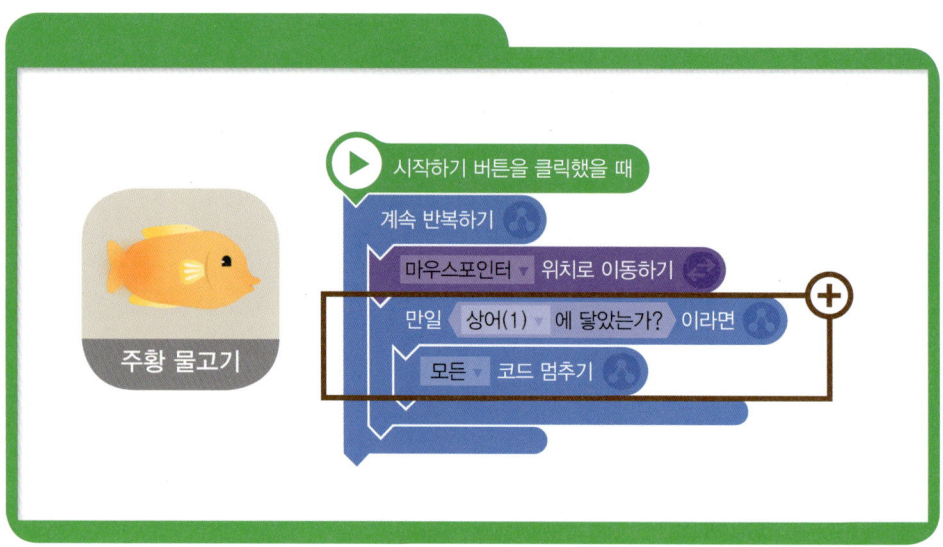

1. 흐름 블록꾸러미에서 `만일 참 이라면` 을 끌어다 연결합니다.
   ▶ 시작과 동시에 상어에 닿았는지 계속 확인해야 하므로 계속 반복하기 블록 안쪽에 넣어야 합니다.

2. 판단 블록꾸러미에서 `마우스포인터 에 닿았는가?` 를 끌어다 `참` 부분에 끼워 넣고, ▼를 클릭해 '상어(1)'을 선택합니다.

3. 흐름 블록꾸러미에서 `모든 코드 멈추기` 를 끌어다 연결합니다.
   ▶ '상어에 닿았는가?'라는 조건이 충족되면 모든 코드가 멈춥니다.

'모든 코드 멈추기' 블록을 사용하면 말 그대로 모든 오브젝트의 움직임이 그대로 멈춥니다.

 ## 전체 코드 확인하기

블록이 잘 조립되었는지 확인하고, 시작하기 버튼을 눌러 실행해 봅시다.

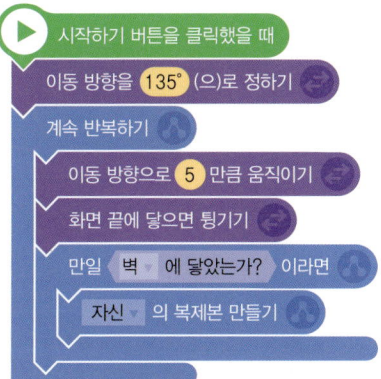

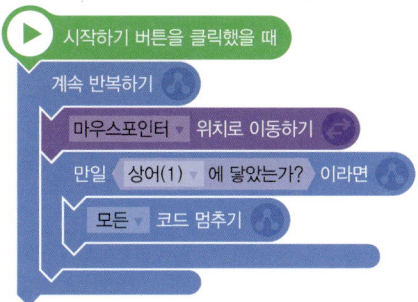

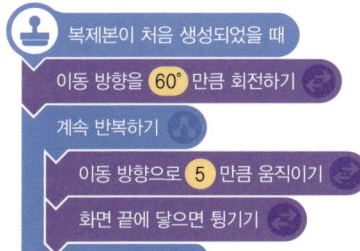

으흐흐~
오늘 점심은
너로 정했다!

상어 피하기 게임을 만들고 실행해 봤나요? 어때요? 재미있었나요?
아직은 게임이라기에는 조금 부족한 것 같다고요? 특히 끝나는 장면이 그냥 멈추기만 하니 이상하다고요? 그렇다면 게임이 끝날 때 'Game Over'라는 글자가 화면에 뜨면서 천둥소리가 나게 해 볼까요?

 게임이 끝나면, 천둥소리와 함께 공동묘지 화면이 뜨도록 만들어 보세요.

이번 미션을 잘 해결했나요?
저는 견습 기사입니다. 여러분이 앞으로 미션을 해결할 때마다 기사 아이템을 얻어 점점 성장하게 되지요. 제가 당당하고 멋진 기사가 될 수 있도록 미션을 멋지게 해결해 보세요!
자, 그럼 시작해 볼까요?

현재의 모습
정답은 138쪽에서 확인해 보세요!

2장
미로 탈출 게임

 복잡한 미로를 통과하는 게임이라…, 재미있겠네요.
미로 통과하기는 마우스보다 키보드를 사용하는 게 좋습니다.

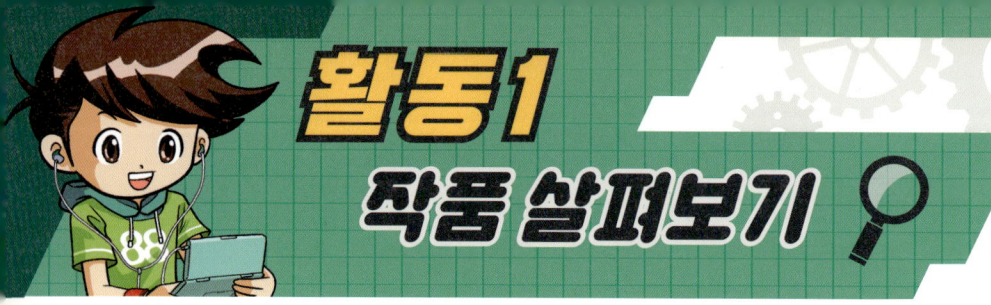

활동 1 작품 살펴보기

 **완성 작품 구성 미리보기**

다음 주소 https://goo.gl/hjoc5s 로 들어가면 완성 작품이 있습니다. 작품명은 '게임_02장'으로, 엔트리 사이트 공유하기에서 'whycoding3'을 검색해도 작품을 볼 수 있습니다.

미리보기 QR코드로도 작품을 볼 수 있어요.

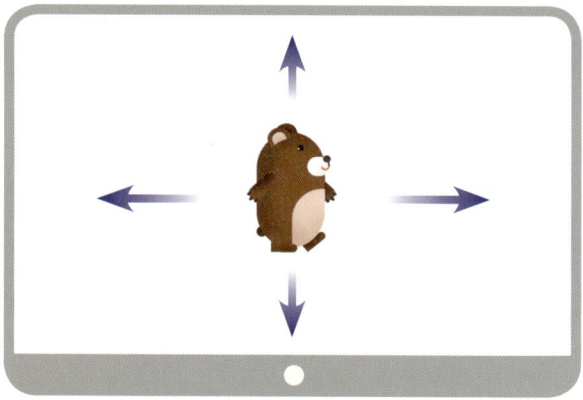

Step 1 키보드의 방향 키를 눌러 곰을 위, 아래, 왼쪽, 오른쪽으로 움직일 수 있습니다.

Step 2 곰이 미로에 닿으면 처음 시작했던 위치로 되돌아갑니다.

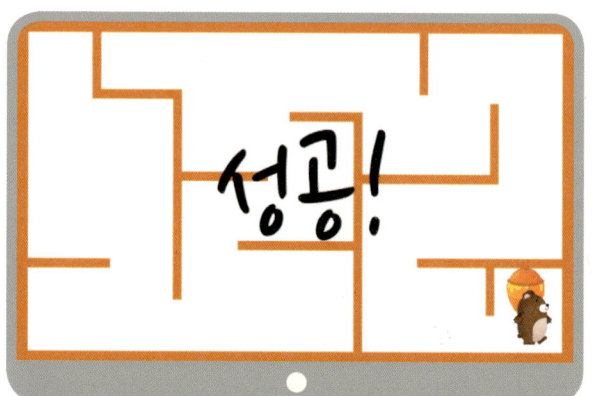

Step 3 곰이 무사히 꿀단지에 닿으면 화면에 '성공!'이라는 글자가 나타나고 게임이 끝납니다.

곰이 미로를 통과해 꿀단지를 찾으러 가는 게임이네. 재밌겠다.

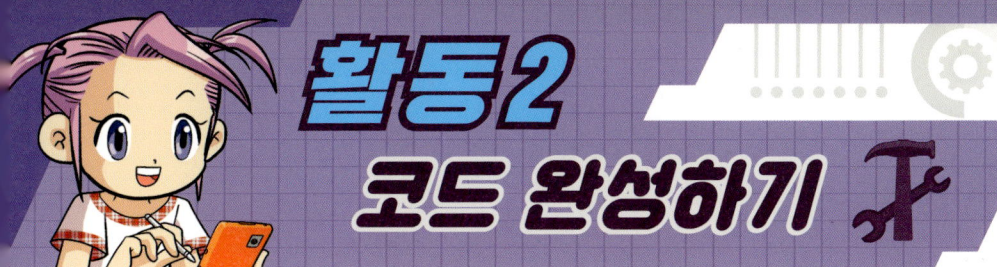

오브젝트 배치하기

1 '오브젝트 추가하기▶배경▶기타▶미로(4)'를 선택해 배경을 만듭니다.

2 '오브젝트 추가하기▶동물▶땅▶곰(1)'을 선택해 오브젝트를 추가하고, 오브젝트 목록에서 위치와 크기, 회전 방식을 바꿉니다.

▶ 곰(1)의 X좌표를 −205, Y좌표를 95, 크기를 20으로 바꿉니다.
▶ 곰(1)의 회전 방식을 좌우 회전으로 선택합니다.

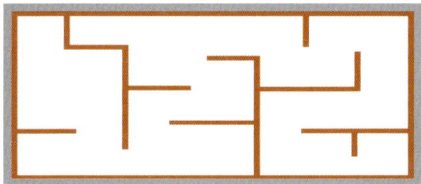

3 '오브젝트 추가하기▶음식▶기타▶꿀단지'를 선택해 오브젝트를 추가하고, 오브젝트 목록에서 위치와 크기를 바꿉니다.

▶ 꿀단지의 X좌표를 200, Y좌표를 −75, 크기를 30으로 바꿉니다.

4 '오브젝트 추가하기▶글상자 탭'을 선택한 뒤, '성공!'을 글상자 칸에 쓰고 적용합니다.

▶ 글자 모양을 필기체로 선택합니다.
▶ 배경색을 투명( )으로 선택합니다.

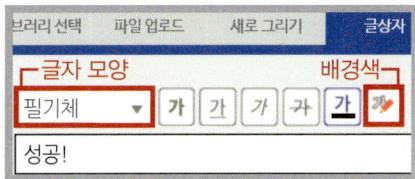

5 오브젝트 목록에서 글상자의 이름과 위치, 크기를 바꿉니다.

▶ 글상자의 이름을 '성공!'으로 바꿉니다.
▶ 글상자의 X좌표를 8, Y좌표를 7, 크기를 220으로 바꿉니다.

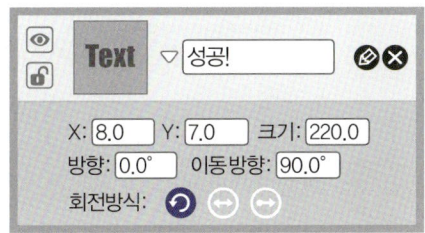

Step 1 만들기

키보드의 방향 키를 눌러 곰을 위, 아래, 왼쪽, 오른쪽으로 움직일 수 있습니다.

1 ▶시작 블록꾸러미에서 [q 키를 눌렀을 때]를 끌어다 놓고, q 를 클릭해 실제 키보드의 '위쪽 화살표 키'를 눌러 선택합니다.

▶키보드의 위쪽 화살표 키를 눌렀을 때 아래의 명령어가 실행됩니다.

2 움직임 블록꾸러미에서 [이동 방향을 90°(으)로 정하기]를 끌어다 연결하고, 0°로 바꿉니다.

▶방향이 0°도일 때, 위쪽의 이동 방향은 0°도가 됩니다.

3 움직임 블록꾸러미에서 [이동 방향으로 10 만큼 움직이기]를 끌어다 연결합니다.

▶위쪽 화살표 키를 한 번 누를 때마다 10만큼씩 움직입니다.

4 [위쪽 화살표 키를 눌렀을 때]에 마우스를 대고 오른쪽 버튼을 클릭해 코드 복사를 한 뒤, 붙여넣기 해서, 나머지 화살표 키의 코드를 만듭니다.

5 아래쪽, 왼쪽, 오른쪽으로 곰이 움직이도록 해당 값들을 바꿔 줍니다.

▶아래쪽 180°, 왼쪽 270°, 오른쪽 90°로 바꿉니다.

 **Step2 만들기 - ①**

게임이 시작될 때마다 곰은 늘 같은 위치에서 시작합니다.

1 시작 블록꾸러미에서 시작하기 버튼을 클릭했을 때 를 끌어다 놓습니다.

잠깐!

하나의 오브젝트에 여러 명령을 동시에 내릴 수 있습니다. 시작하기 버튼을 클릭했을 때 를 여러 개 끌어다 놓고 각각 다른 명령어들을 조립해도 된다는 뜻이지요. 명령어가 서로 반대인 경우만 아니라면 실행에 오류가 생기지 않습니다. 만약 명령어가 제대로 실행되지 않는다면 명령어에 문제가 있는 것이니, 각각의 명령어를 잘 비교하며 수정해야 합니다.

2 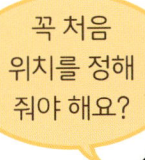 움직임 블록꾸러미에서  x: 0 y: 0 위치로 이동하기 를 끌어다 연결하고, x좌표를 -205, y좌표를 95로 바꿉니다.

꼭 처음 위치를 정해 줘야 해요?

게임에서 오브젝트의 처음 위치는 매우 중요해. 엔트리에서는 게임을 새로 시작하면 늘 처음 놓아 둔 위치에서 시작되지만, 다른 프로그램에서는 그렇지 않아. 그래서 명령어 블록을 사용해 위치를 정해 주는 게 좋아.

Step2 만들기-②

곰이 미로에 닿으면 처음 위치로 이동합니다.

1 흐름 블록꾸러미에서 `계속 반복하기` 를 끌어다 연결합니다.

2 흐름 블록꾸러미에서 `만일 참 이라면` 을 끌어다 반복 블록 안쪽에 연결합니다.

3 판단 블록꾸러미에서 `마우스포인터 에 닿았는가?` 를 끌어다 참 부분에 끼워 넣고, ▼를 클릭해 '미로(4)'를 선택합니다.

▶ 곰(1)이 미로(4)에 닿았을 때 안쪽의 명령어가 실행됩니다.

4 움직임 블록꾸러미에서 `x: 0 y: 0 위치로 이동하기` 를 끌어다 연결하고, x좌표를 -205, y좌표를 95로 바꿉니다.

잠깐!

엔트리에서 제공되는 오브젝트는 대부분 배경이 투명합니다. 미로(4)의 흰 부분도 사실 흰색이 아니라 투명합니다. 투명한 부분은 프로그램에서 오브젝트로 인식하지 않기 때문에 곰은 미로(4)의 색깔이 있는 선 부분에 닿았을 때만 처음 위치로 돌아가게 됩니다. 따라서 만약 미로(4)가 아닌 다른 미로 그림을 그려서 사용하려면 미로 선 외의 다른 부분은 투명하게 처리해야 프로그램이 제대로 작동됩니다.

Step3 만들기-①

곰이 꿀단지에 닿으면 '성공'이라는 신호를 보냅니다.

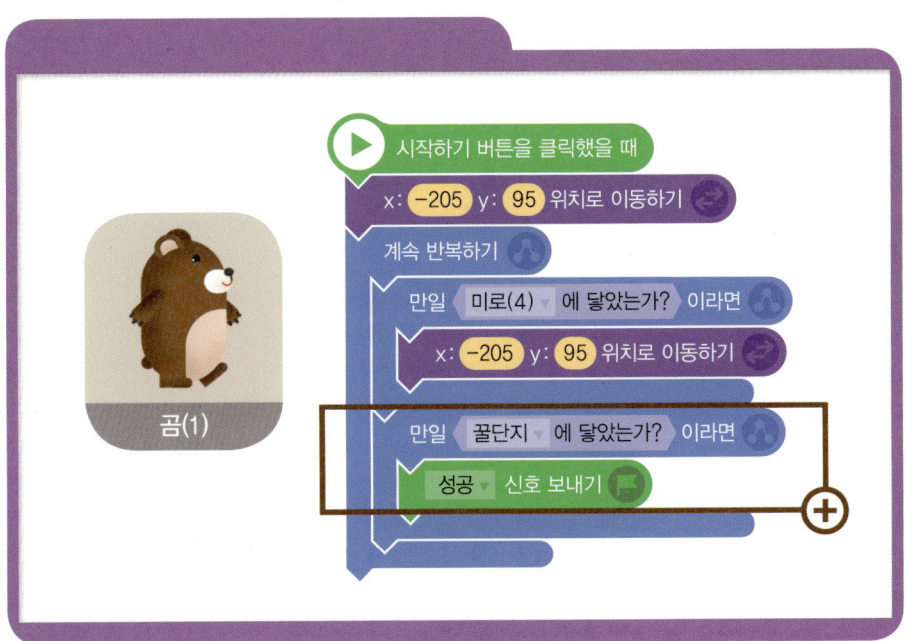

1 흐름 블록꾸러미에서 『만일 참 이라면』 을 끌어다 반복 블록 안쪽에 연결합니다.

2 판단 블록꾸러미에서 『마우스포인터에 닿았는가?』 를 끌어다 참 부분에 끼워 넣고, ▼를 클릭해 '꿀단지'를 선택합니다.

▶곰(1)이 꿀단지에 닿았을 때 안쪽의 명령어가 실행됩니다.

3 속성 탭에서 '신호'를 선택하고, '신호 추가'를 클릭해 '성공' 신호를 만듭니다.

4 🏁 **시작** 블록꾸러미에서 성공▼ 신호 보내기 를 끌어다 연결합니다.
  ▶ 곰(1)이 꿀단지에 닿았을 때, 다른 오브젝트에게 성공 신호를 보냅니다.

Step3 만들기-②

성공 신호를 받으면, '성공!'이라는 글자가 보이며 모든 코드가 멈추고 게임이 끝납니다.

1 🏁 **시작** 블록꾸러미에서 시작하기 버튼을 클릭했을 때 를 끌어다 놓습니다.

2 **생김새** 블록꾸러미에서 모양 숨기기 를 끌어다 연결합니다.
  ▶ 처음부터 '성공!' 글자가 나타나면 안 되므로, 처음에는 글자를 숨깁니다.

3 🏁 **시작** 블록꾸러미에서 성공▼ 신호를 받았을 때 를 끌어다 놓습니다.
  ▶ 성공 신호를 받았을 때 아래의 명령어가 실행됩니다.

4 **생김새** 블록꾸러미에서 모양 보이기 를 끌어다 연결합니다.

5 **흐름** 블록꾸러미에서 모든▼ 코드 멈추기 를 끌어다 연결합니다.
  ▶ '~키를 눌렀을 때'를 제외한 모든 코드가 멈춥니다. 즉, 곰만 움직일 수 있고 다른 명령어는 듣지 않습니다.

 ## 전체 코드 확인하기

블록이 잘 조립되었는지 확인하고, 시작하기 버튼을 눌러 실행해 봅시다.

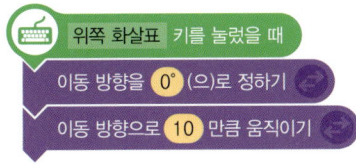

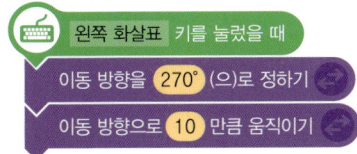

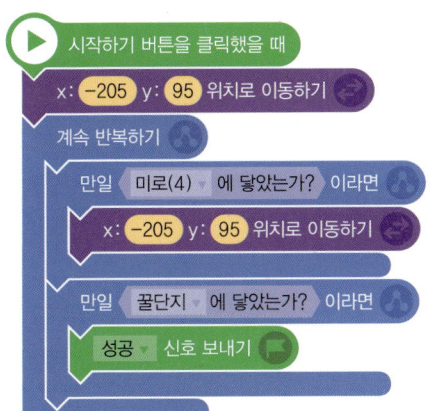

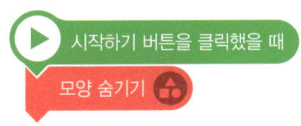

잠깐!

오브젝트를 클릭했을 때 나오는 주황색 화살표가 바로 이동 방향을 뜻합니다. 그런데 이동 방향을 0°, 90°, 180°, 270°로 말하는 건, 방향이 0°일 때를 기준으로 한 것입니다. 만약 방향이 90°일 때는, 이동 방향이 90°인 경우 오른쪽이 아니라 아래쪽을 향하게 됩니다.

방향이 0°일 때   방향이 90°일 때

코딩 Level Up!

미로 탈출 게임을 만들어 보니 어떤가요? 진짜 미로와는 차이가 좀 있지요? 우리가 진짜 미로에 있을 때에는 어떤가요? 맞아요! 주변만 보이고 전체 미로는 보이지 않습니다. 그렇다면 게임에서도 실제처럼 곰 주변만 환하게 보이고 다른 부분은 어두워서 미로가 보이지 않게 하면 어떨까요?

 오른쪽 그림처럼 곰 주변만 환하게 보이도록 게임을 수정해 보세요.

 곰 주변의 밝은 부분이 곰과 함께 움직여야 합니다.

 미션을 해결했다면, 이제 당신의 기사는 '갑옷' 아이템을 얻었습니다.

정답은 139쪽에서 확인해 보세요!

3장
공 받기 게임

공이 항상 같은 곳으로 날아온다면 게임이 재미없겠죠? 무작위 수를 이용해 어디로 튈지 모르는 공을 받아 내는 게임을 만들어 봅시다.

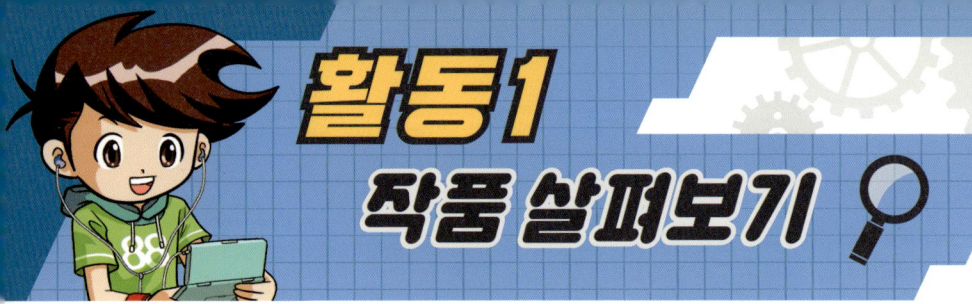

완성 작품 구성 미리보기

다음 주소 https://goo.gl/v3wmgL 로 들어가면 완성 작품이 있습니다. 작품명은 '게임_03장'으로, 엔트리 사이트 공유하기에서 'whycoding3'을 검색해도 작품을 볼 수 있습니다.

미리보기 QR코드로도 작품을 볼 수 있어요.

Step 1 공을 받아 내는 센서는 마우스를 따라 왼쪽, 오른쪽으로만 움직입니다.

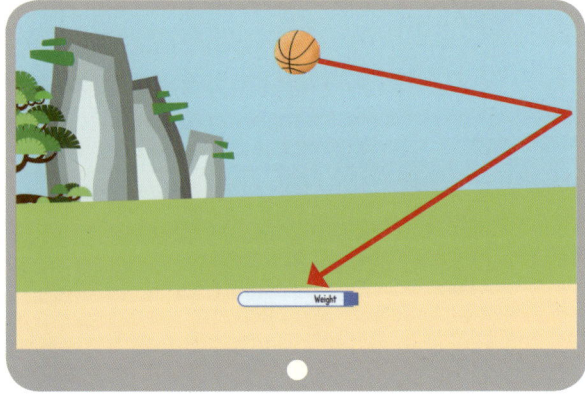

Step 2 공이 위쪽, 오른쪽, 왼쪽 벽에 닿으면 튕겨서 다시 안쪽으로 들어옵니다.

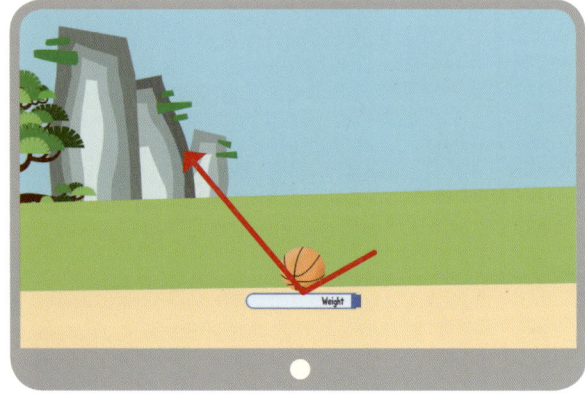

Step 3 공이 센서에 닿으면 위로 튕겨 오릅니다. 어떤 방향으로 튕길지는 알 수 없습니다.

Step 4 공이 아래쪽 벽(바닥)에 닿으면 모든 움직임이 멈추고 게임이 끝납니다.

활동 2 코드 완성하기

🖱 오브젝트 배치하기

1 '오브젝트 추가하기 ▶ 배경 ▶ 자연 ▶ 들판(2)'를 선택해 배경을 만듭니다.

2 '오브젝트 추가하기 ▶ 물건 ▶ 기타 ▶ 센서'를 선택해 오브젝트를 추가하고, 오브젝트 목록에서 위치와 크기를 바꿉니다.

▶ 센서의 Y좌표를 −90으로 바꿉니다.
▶ 센서의 크기를 50으로 바꿉니다.

3 '오브젝트 추가하기 ▶ 물건 ▶ 취미 ▶ 농구공'을 선택해 오브젝트를 추가하고, 오브젝트 목록에서 위치와 크기, 이동 방향을 바꿉니다.

▶ 농구공의 Y좌표를 100으로 바꿉니다.
▶ 농구공의 크기를 35로 바꿉니다.
▶ 농구공의 이동 방향을 30°로 바꿉니다.

4 적절하게 배치되었는지 확인합니다.

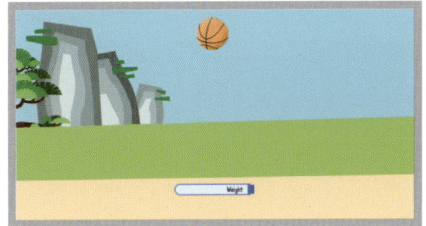

농구공의 이동 방향을 30°로 바꿔 준 이유는 벽에 비스듬하게 튕기게 하기 위해서입니다.

Step 1 만들기

공을 받아 내는 센서는 마우스를 따라서 왼쪽, 오른쪽으로만 움직입니다.

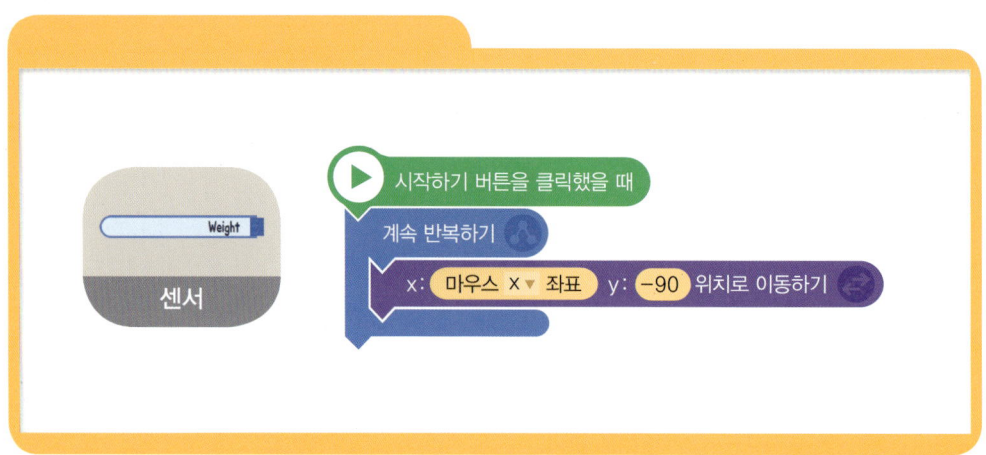

1. 시작 블록꾸러미에서 ▶시작하기 버튼을 클릭했을 때 를 끌어다 놓습니다.

2. 흐름 블록꾸러미에서 계속 반복하기 를 끌어다 연결합니다.

3. 움직임 블록꾸러미에서 x: 0 y: 0 위치로 이동하기 를 끌어다 반복 블록 안쪽에 연결하고, y좌표를 -90으로 바꿉니다.
   ▶ y좌표의 값은 항상 -90이 됩니다.

4. 계산 블록꾸러미에서 마우스 x 좌표 를 끌어다 x좌표의 0 부분에 끼워 넣습니다.

Step2 만들기

농구공은 직선으로 자유롭게 움직이며, 위쪽이나 오른쪽, 왼쪽 벽에 닿으면 튕겨서 안쪽으로 이동합니다.

1 시작 블록꾸러미에서 `시작하기 버튼을 클릭했을 때` 를 끌어다 놓습니다.

2 움직임 블록꾸러미에서 `x: 0 y: 0 위치로 이동하기` 를 끌어다 연결하고, y좌표를 120으로 바꿉니다.
▶게임이 시작되면 농구공이 늘 위쪽 한가운데 있도록 위치를 정해 준 것입니다.

3 흐름 블록꾸러미에서 `계속 반복하기` 를 끌어다 연결합니다.

4 움직임 블록꾸러미에서 `이동 방향으로 10 만큼 움직이기` 를 끌어다 반복 블록 안쪽에 연결하고, 5로 바꿉니다.
▶농구공이 움직이는 속도를 정하기 위한 것으로, 값을 크게 할수록 빠르게 움직입니다.

5 움직임 블록꾸러미에서 `화면 끝에 닿으면 튕기기` 를 끌어다 연결합니다.
▶농구공이 실행화면의 끝에 닿으면 안쪽으로 튕겨 들어옵니다.

Step3 만들기

농구공이 센서에 닿으면 위쪽으로 튀어 오릅니다.
이때 어떤 방향으로 튀어 오를지는 알 수 없습니다.

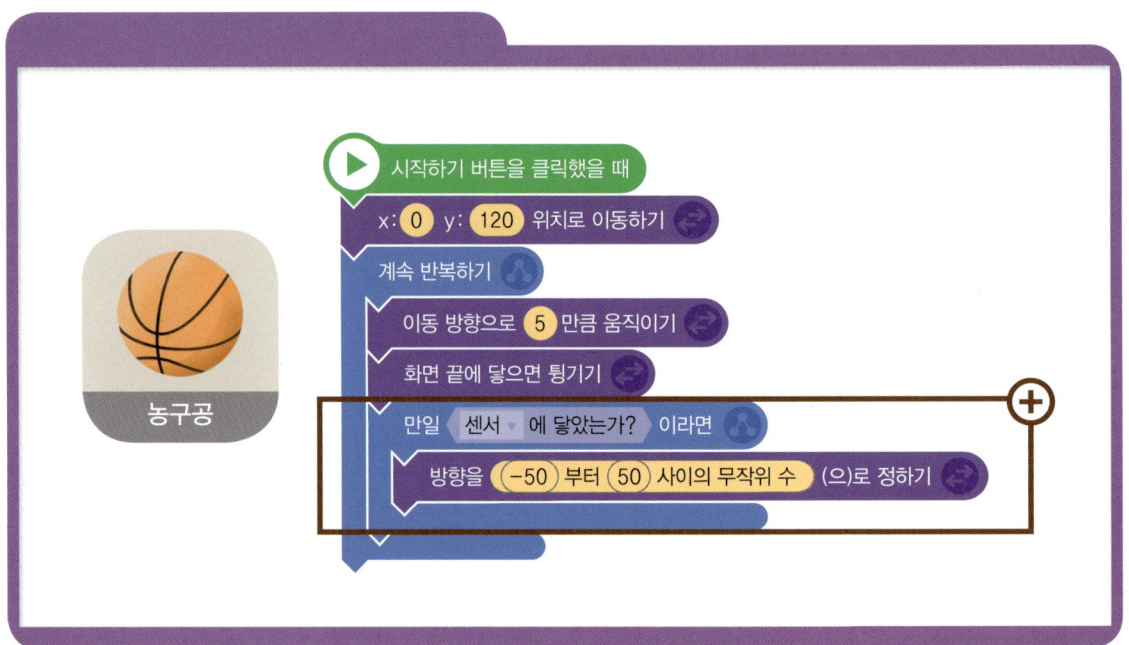

1 흐름 블록꾸러미에서 `만일 참 이라면` 을 끌어다 반복 블록 안쪽, `화면 끝에 닿으면 튕기기` 바로 아래에 연결합니다.

2 판단 블록꾸러미에서 `마우스포인터 에 닿았는가?` 를 끌어다 참 부분에 끼워 넣고, ▼를 클릭해 '센서'를 선택합니다.
▶농구공이 센서에 닿았을 때 안쪽의 명령어가 실행됩니다.

3 움직임 블록꾸러미에서 `방향을 90° (으)로 정하기` 를 끌어다 조건 블록 안쪽에 연결합니다.
▶농구공이 센서에 닿았을 때 방향이 바뀝니다.

계산 블록꾸러미에서 ⓪ 부터 ⑩ 사이의 무작위 수 를 끌어다 ⑨⓪° 부분에 끼워 넣고, 앞쪽 ⓪ 을 –50, 뒤쪽 ⑩ 을 50으로 바꿉니다.

▶공이 센서에 닿으면 일정한 방향으로 튀어 오르는 것이 아니라 –50에서 50 사이의 수 중 하나로, 즉 무작위로 튀어 오릅니다.

 그런데 아직도 무작위 수를 잘 모르겠어.

그러니까 무작위 수란, 사람이 예측할 수 없도록 컴퓨터가 일정한 범위의 수 안에서 한 가지를 선택하는 것을 말해.

 컴퓨터가 임의로 선택한다고?

그래. 예를 들어, 1부터 10 사이의 무작위 수를 정해 주면, 1부터 10 사이의 수 중 컴퓨터가 아무거나 한 가지를 선택하게 돼. 우리는 그걸 미리 알 수 없고.

 그럼, 무작위 수 범위를 크게 할수록 농구공이 튀어 오르는 방향을 더 알 수가 없겠네?

그렇지! 이제 알겠지?

Step4 만들기

농구공이 아래쪽 벽(바닥)에 닿으면 모든 움직임이 멈추고 게임이 끝납니다.

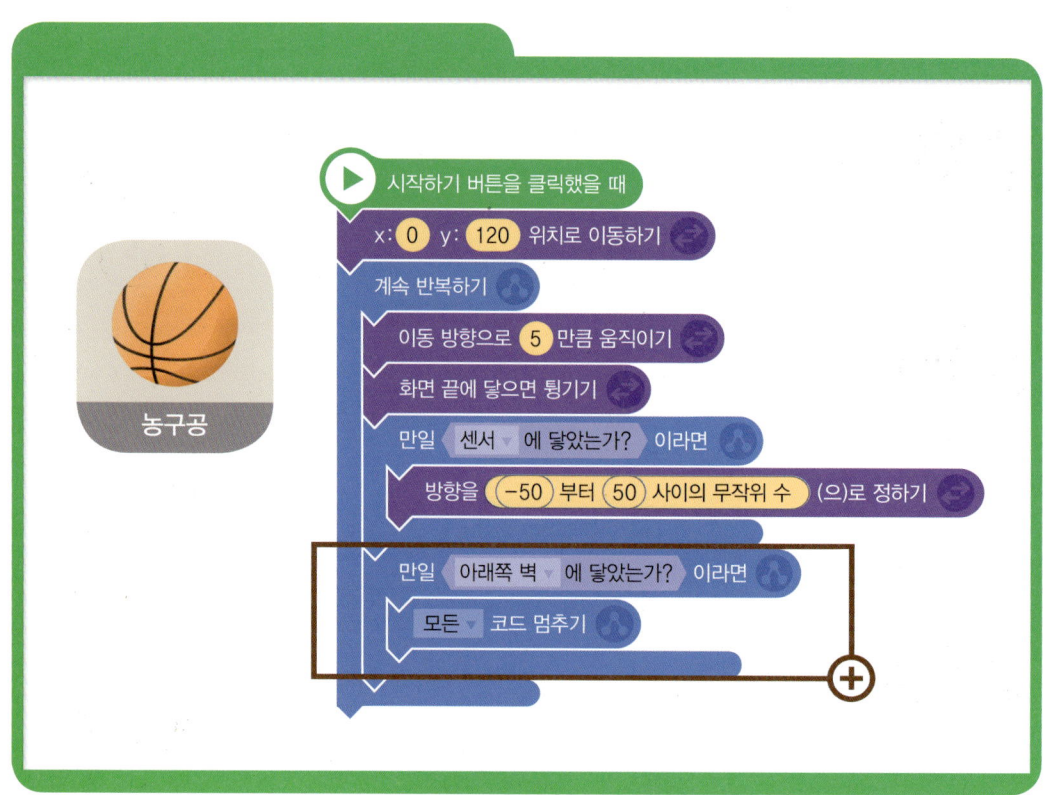

1 흐름 블록꾸러미에서  을 끌어다 반복 블록 안쪽에 연결합니다.

잠깐!

반복 블록은 안쪽에 다른 명령어 블록을 넣을 수 있도록 만들어져 있습니다. 연결된 블록이 안쪽에 있는지 바깥쪽에 있는지에 따라서 결과가 전혀 다르게 나타나지요. 따라서 블록을 연결할 때 바른 위치에 붙였는지 주의해야 합니다.

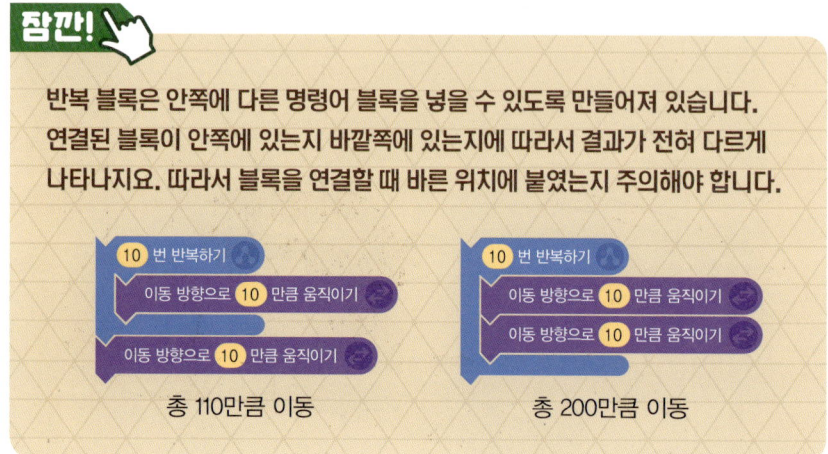

2 ✅ 판단 블록꾸러미에서 `마우스포인터 에 닿았는가?` 를 끌어다 `참` 부분에 끼워 넣고, ▼를 클릭해 '아래쪽 벽'을 선택합니다.

▶ 농구공이 아래쪽 벽(바닥)에 닿았을 때 안쪽의 명령어가 실행됩니다.

3 🔀 흐름 블록꾸러미에서 `모든 코드 멈추기` 를 끌어다 연결합니다.

전체 코드 확인하기

블록이 잘 조립되었는지 확인하고, 시작하기 버튼을 눌러 실행해 봅시다.

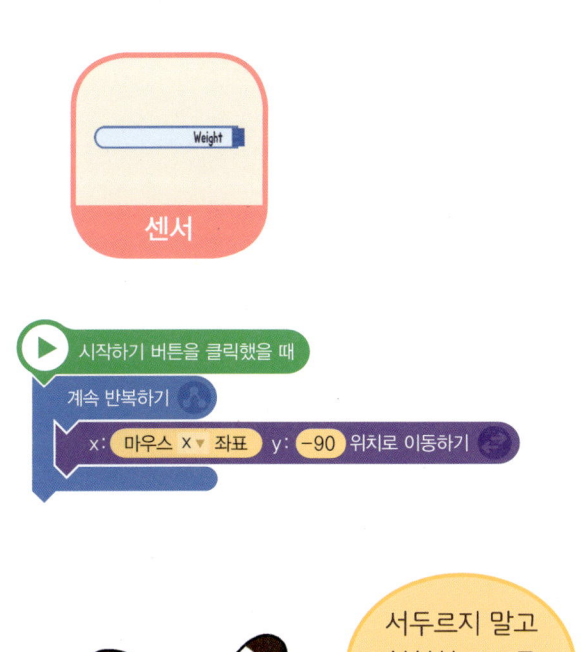

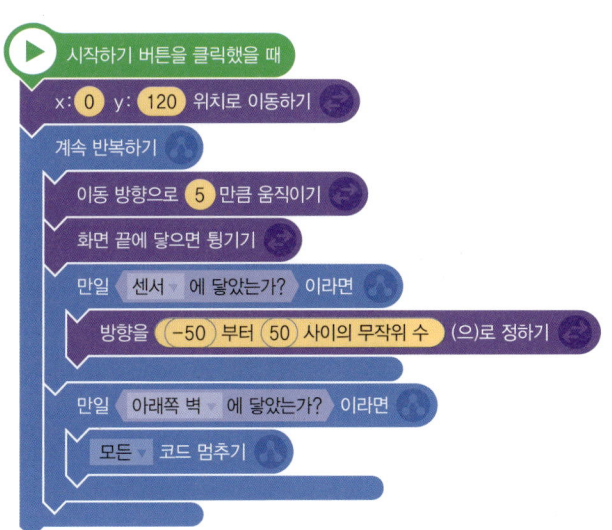

서두르지 말고 천천히 코드를 완성해 보세요!

코딩 Level Up!

공 받기 게임을 해 보니 어땠나요? 게임이 너무 어려웠다면 공의 속도를 조금 늦추고, 너무 쉬웠다면 공의 속도를 빠르게 해 보세요. 그럼, 좀 더 게임을 재미있게 즐기기 위해 게임을 업그레이드시켜 볼까요?

 아래에 제시된 블록으로 조건에 맞게 게임을 수정해 보세요.

조건1 공이 움직이는 속도가 계속 바뀌도록 코드를 바꿔 봅시다.

- 이동 방향으로 10 만큼 움직이기
- 0 부터 10 사이의 무작위 수

조건2 공이 벽에 닿을 때 효과음이 나도록 코드를 바꿔 봅시다.

- 소리 탬버린2 재생하기
- 만일 참 이라면

 획득!

미션을 해결했다면, 이제 당신의 기사는 '장갑'과 '신발' 아이템을 얻었습니다.

정답은 140쪽에서 확인해 보세요!

4장
하늘의 별 따기 게임

하늘에 반짝이는 별을 보면서 별을 따고 싶다는 생각을 해 본 적 없나요?
하늘의 별은 어떻게 해야 딸 수 있을까요?

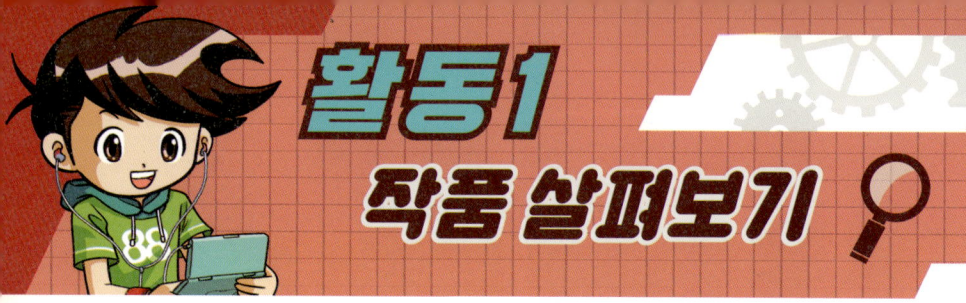

 **완성 작품 구성 미리보기**

다음 주소 `https://goo.gl/to8yqF` 로 들어가면 완성 작품이 있습니다. 작품명은 '게임_04장'으로, 엔트리 사이트 공유하기에서 'whycoding3'을 검색해도 작품을 볼 수 있습니다.

미리보기 QR코드로도 작품을 볼 수 있어요.

*이 작품은 2개의 장면으로 구성되어 있습니다.

Step 1 게임이 시작되면 점수와 초시계가 보이고, 초시계의 시간이 흐르기 시작합니다.

Step 2 별이 1초 동안 나타났다 사라집니다. 별을 클릭하면 점수가 1점씩 올라가는데, 20초 동안만 게임을 할 수 있습니다.

Step 3 행성이 1초 동안 나타났다 사라집니다. 행성을 클릭하면 점수가 1점씩 깎입니다.

Step 4 게임이 끝나면 장면이 바뀌면서 화면에 점수가 나타납니다.

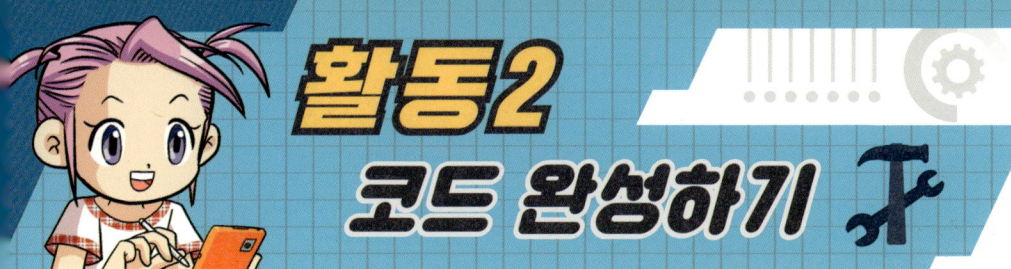

장면1 오브젝트 배치하기

1 '오브젝트 추가하기 ▶ 배경 ▶ 자연 ▶ 별 헤는 밤'을 선택해 배경을 만듭니다.

2 '오브젝트 추가하기 ▶ 인터페이스 ▶ 큰별(노랑)'을 선택해 오브젝트를 추가하고, 오브젝트 목록에서 위치와 크기를 바꿉니다.

▶ 큰별(노랑)의 X좌표를 –118, Y좌표를 –7로 바꿉니다.
▶ 큰별(노랑)의 크기를 30으로 바꿉니다.

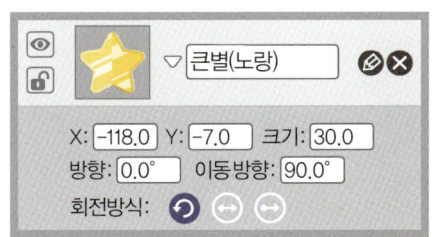

3 '오브젝트 추가하기 ▶ 환경 ▶ 우주 ▶ 행성(3)'을 선택해 오브젝트를 추가하고, 오브젝트 목록에서 위치와 크기를 바꿉니다.

▶ 행성(3)의 X좌표를 –36, Y좌표를 47로 바꿉니다.
▶ 행성(3)의 크기를 30으로 바꿉니다.

4 적절하게 배치되었는지 확인합니다.

별이나 행성이 무작위로 나타나는 게임이기 때문에, 큰별이나 행성의 시작 위치는 사실 별로 중요하지 않습니다. 적당한 곳에 두면 됩니다.

Step 1 만들기

게임이 시작되면 오른쪽 상단에 점수와 초시계가 보입니다. 초시계의 시간은 0에서부터 시작됩니다. 게임이 처음 시작했을 때는 큰별은 보이지 않습니다.

1 ▶ 시작 블록꾸러미에서 `시작하기 버튼을 클릭했을 때` 를 끌어다 놓습니다.

2 속성 탭에서 '변수'를 선택하고 '변수 추가'를 클릭해 '점수' 변수를 만듭니다.

▶ 모든 오브젝트에서 점수 변수를 사용해야 하므로, '모든 오브젝트에서 사용'에 체크합니다.

선택한 오브젝트에서만 사용할지, 모든 오브젝트에서 사용할지 체크할 수 있습니다. 보통 '모든 오브젝트에서 사용'에 이미 체크되어 있습니다.

3 ? 자료 블록꾸러미에서 `변수 점수 보이기` 를 끌어다 연결합니다.

▶ 게임 중 자신의 점수를 확인할 수 있습니다.

4 계산 블록꾸러미에서 `초시계 숨기기` 를 끌어다 연결하고, ▼를 클릭해 '보이기'를 선택합니다.

5 ➗ **계산** 블록꾸러미에서 `초시계 시작하기`를 두 번 끌어다 연결하고, 앞의 블록은 ▼를 클릭해 '초기화하기'를 선택합니다.

▶ 게임을 시작하면 초시계가 0부터 시작합니다.

6 🔺 **생김새** 블록꾸러미에서 `모양 숨기기`를 끌어다 연결합니다.

▶ 게임이 시작되었을 때, 큰별(노랑)은 모양을 숨겨 보이지 않습니다.

Step2 만들기-①

큰별이 화면 여기저기에서 계속 나타납니다.

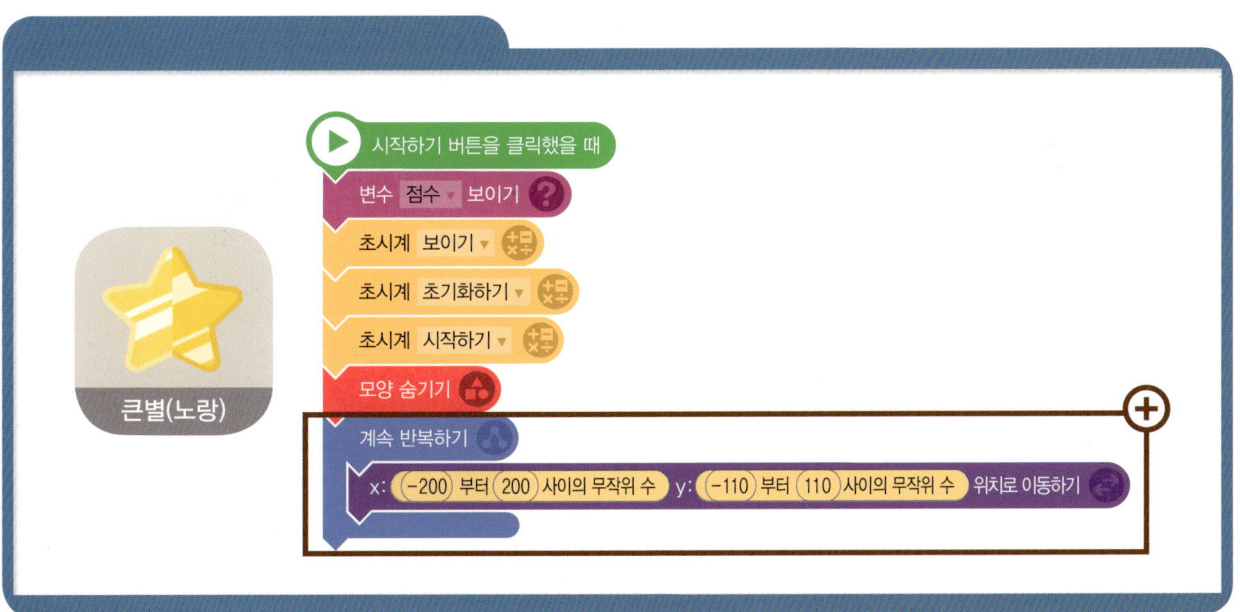

1 🔀 **흐름** 블록꾸러미에서 `계속 반복하기`를 끌어다 연결합니다.

2 ↔ **움직임** 블록꾸러미에서 `x: 0 y: 0 위치로 이동하기`를 끌어다 반복 블록 안쪽에 연결합니다.

▶ 별이 화면에 계속 나타나야 하므로 반복 블록 안쪽에 연결하는 것입니다.

3 계산 블록꾸러미에서 ⓪ 부터 ⑩ 사이의 무작위 수 를 끌어다 x좌표 ⓪ 부분에 끼워 넣고, 앞쪽 ⓪ 을 −200, 뒤쪽 ⑩ 을 200으로 바꿉니다.

4 계산 블록꾸러미에서 ⓪ 부터 ⑩ 사이의 무작위 수 를 끌어다 y좌표 ⓪ 부분에 끼워 넣고, 앞쪽 ⓪ 을 −110, 뒤쪽 ⑩ 을 110으로 바꿉니다.

▶ x, y좌표를 무작위 수로 해서 별이 어디에 나타날지 알 수 없게 합니다.
−200, 200, −110, 110이라는 수는 화면 크기를 바탕으로 결정한 것입니다.
수가 작아질수록 별이 나타나는 범위도 작아집니다.

별은 일정하지 않은 시간 간격으로 나타나고, 1초 뒤 다시 사라집니다.

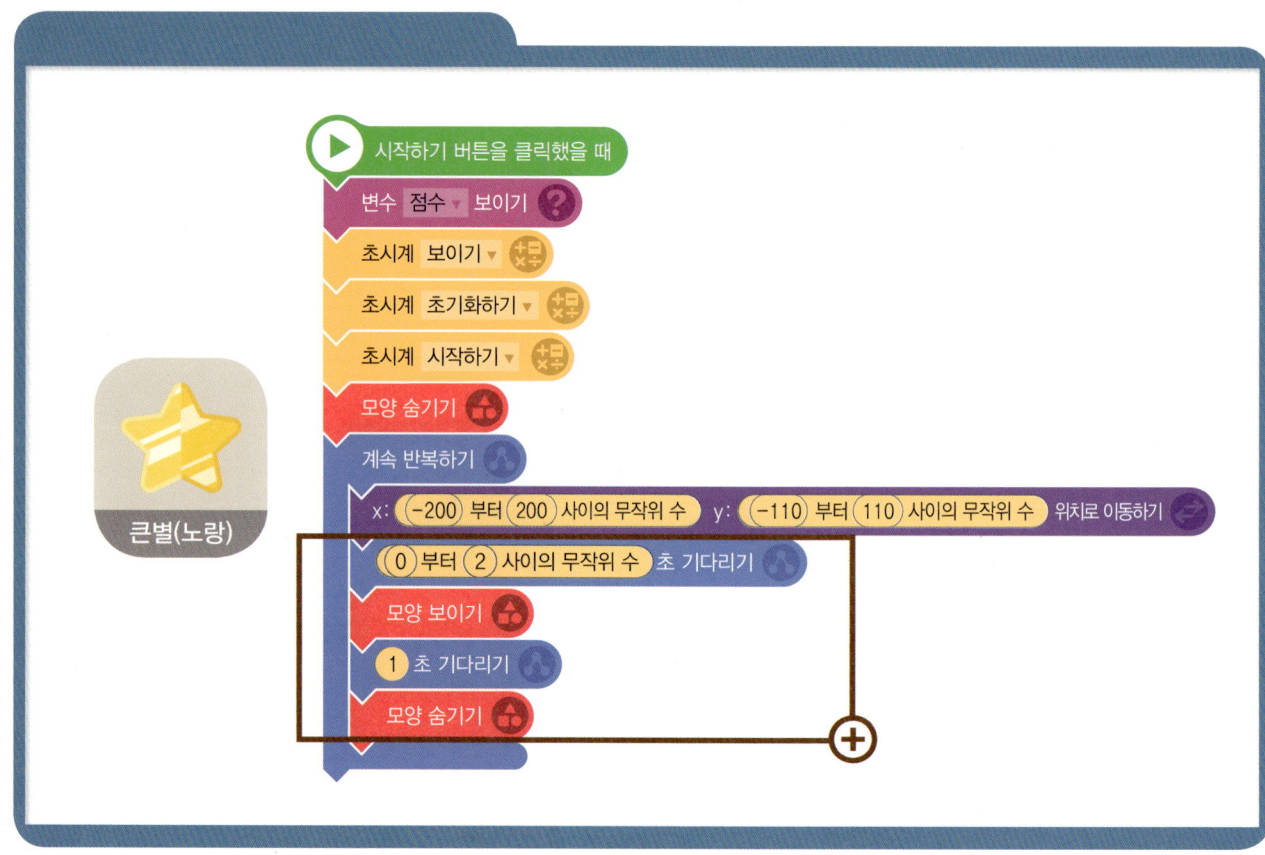

1 🔷흐름 블록꾸러미에서 `2 초 기다리기` 를 끌어다 반복 블록 안쪽에 연결합니다.

2 🟩계산 블록꾸러미에서 `0 부터 10 사이의 무작위 수` 를 끌어다 `2` 부분에 끼워 넣고, 0과 2로 바꿉니다.

▶큰별이 화면에 일정하지 않은 시간 차이를 두고 나타나게 하기 위해 숨기는 시간을 무작위 수로 정한 것입니다. 무작위 수의 범위는 마음대로 정해도 되지만, 2보다 큰 수를 넣으면 별이 너무 오래 안 나타나서 게임이 자칫 지루해질 수 있습니다.

3 🔶생김새 블록꾸러미에서 `모양 보이기` 를 끌어다 연결합니다.

4 🔷흐름 블록꾸러미에서 `2 초 기다리기` 를 끌어다 연결하고, 1초로 바꿉니다.

▶1초 동안만 큰별이 보입니다.

5 🔶생김새 블록꾸러미에서 `모양 숨기기` 를 끌어다 연결합니다.

▶큰별이 다시 보이지 않게 됩니다.

🖱 Step2 만들기 - ③

마우스로 별을 클릭하면 점수가 1점 올라가고 별이 사라집니다.
별은 동시에 2개까지만 나타날 수 있습니다.

1 🏁 **시작** 블록꾸러미에서 오브젝트를 클릭했을 때 를 끌어다 놓습니다.

2 ❓ **자료** 블록꾸러미에서 점수 에 10 만큼 더하기 를 끌어다 연결하고, 1로 바꿉니다.
  ▶ 큰별을 클릭하면, 점수 변수에 1점이 더해져 점수가 올라갑니다.

3 🔺 **생김새** 블록꾸러미에서 모양 숨기기 를 끌어다 연결합니다.
  ▶ 점수가 올라간 뒤 바로 큰별을 숨기지 않으면, 오브젝트를 여러 번 클릭해서 게임의 규칙과 달리 점수가 많이 올라갈 수 있습니다.

잠깐!

똑같은 별을 동시에 2개까지 나타나게 하려면, '큰별(노랑)' 오브젝트를 그대로 복제해서 같은 코드를 가진 오브젝트를 하나 더 만들면 됩니다.

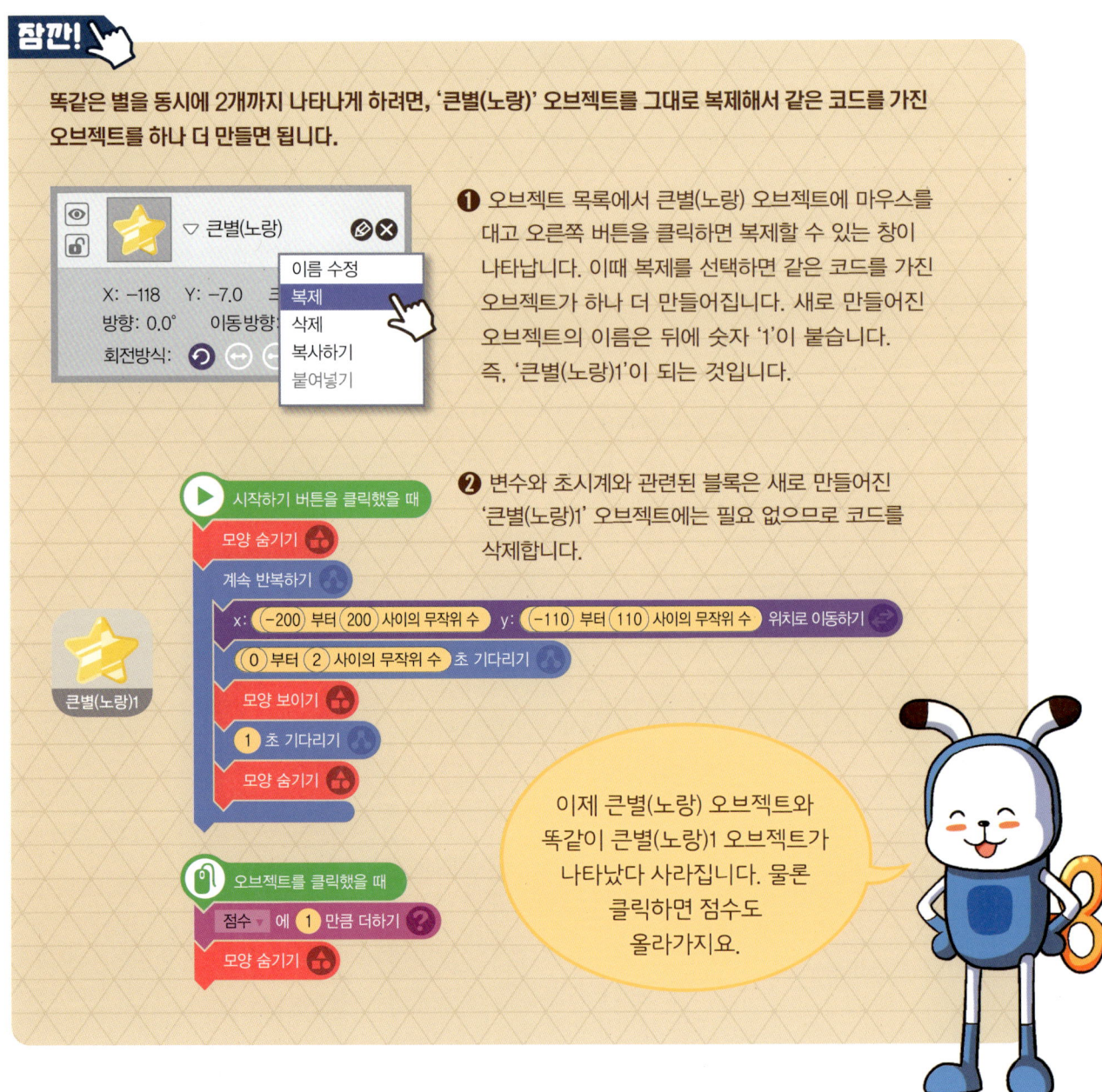

❶ 오브젝트 목록에서 큰별(노랑) 오브젝트에 마우스를 대고 오른쪽 버튼을 클릭하면 복제할 수 있는 창이 나타납니다. 이때 복제를 선택하면 같은 코드를 가진 오브젝트가 하나 더 만들어집니다. 새로 만들어진 오브젝트의 이름은 뒤에 숫자 '1'이 붙습니다. 즉, '큰별(노랑)1'이 되는 것입니다.

❷ 변수와 초시계와 관련된 블록은 새로 만들어진 '큰별(노랑)1' 오브젝트에는 필요 없으므로 코드를 삭제합니다.

이제 큰별(노랑) 오브젝트와 똑같이 큰별(노랑)1 오브젝트가 나타났다 사라집니다. 물론 클릭하면 점수도 올라가지요.

Step2 만들기-④

게임이 시작되고 20초가 지나면 게임이 끝나는 장면으로 넘어갑니다.

1. 시작 블록꾸러미에서 시작하기 버튼을 클릭했을 때 를 끌어다 놓습니다.

2. 흐름 블록꾸러미에서 계속 반복하기 를 끌어다 연결합니다.

3. 흐름 블록꾸러미에서 만일 참 이라면 을 끌어다 반복 블록 안쪽에 연결합니다.
   ▶ 반복 블록 안쪽에 넣어서 끊임없이 계속 확인하게 합니다.

4. 판단 블록꾸러미에서 10 ≥ 10 을 끌어다 참 부분에 끼워 넣고, 뒤쪽 10 을 20으로 바꿉니다.

5. 계산 블록꾸러미에서 초시계 값 을 끌어다 앞쪽 10 부분에 끼워 넣습니다.

6. 시작 블록꾸러미에서 다음 장면 시작하기 를 끌어다 연결합니다.
   ▶ 조건이 맞을 때 다음 장면이 시작됩니다.

Step3 만들기-①

행성 역시 별처럼 1초 동안 나타났다 사라집니다.

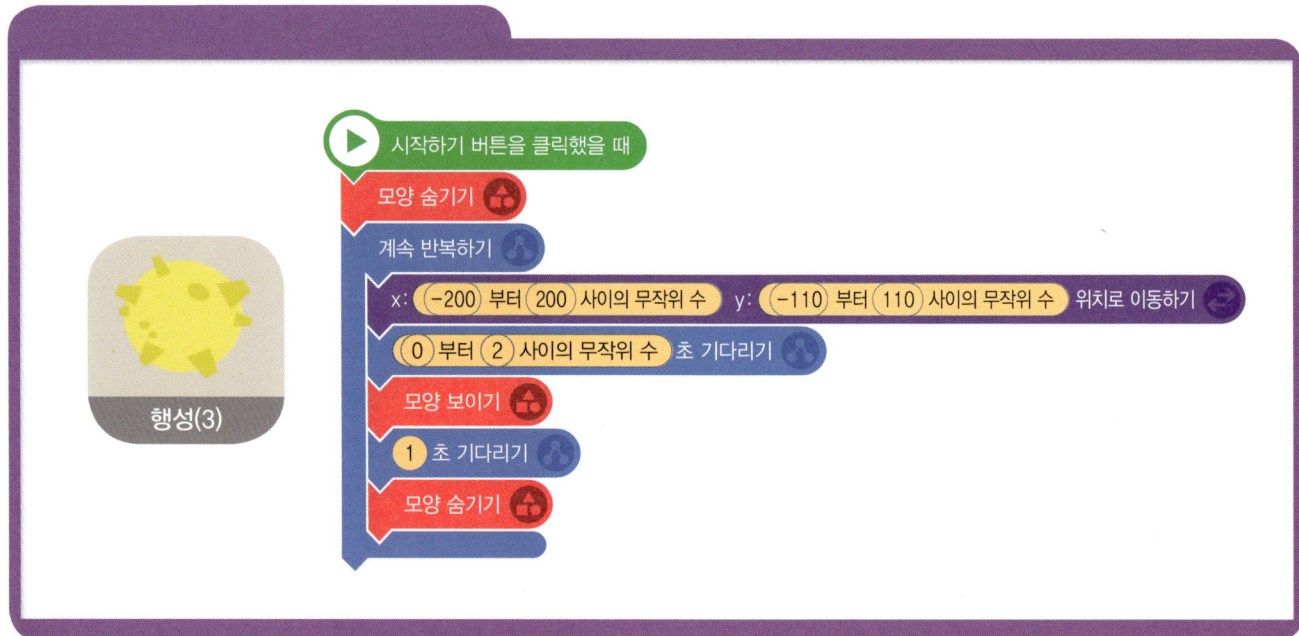

1 큰별(노랑)1의 완성된 코드에 마우스를 대고 오른쪽 버튼을 클릭해 코드 복사를 합니다.

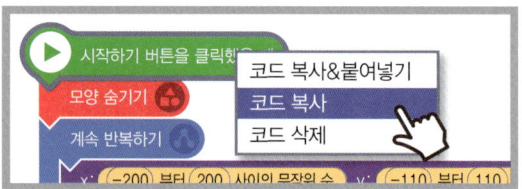

2 오브젝트 목록에서 행성(3)을 선택하고, 블록조립소의 빈 공간에 마우스를 대고 오른쪽 버튼을 클릭해 코드를 붙여 넣습니다.

코드가 같을 땐 복사하고, 붙연 넣고! 정말 쉽지?

Step3 만들기-②

마우스로 행성을 클릭하면 점수가 1점씩 내려가고 행성이 사라집니다.
행성 역시 동시에 2개까지만 나타날 수 있습니다.

1. 시작 블록꾸러미에서 오브젝트를 클릭했을 때 를 끌어다 놓습니다.

2. ? 자료 블록꾸러미에서 점수에 10만큼 더하기 를 끌어다 연결하고, -1로 바꿉니다.
   ▶ 행성을 클릭하면 1점이 점수 변수에서 빠져서 점수가 내려갑니다.

3. 생김새 블록꾸러미에서 모양 숨기기 를 끌어다 연결합니다.

잠깐!

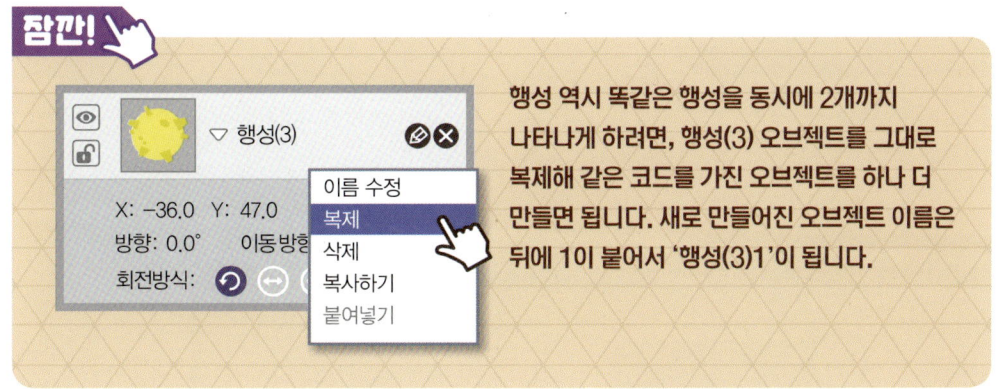

행성 역시 똑같은 행성을 동시에 2개까지 나타나게 하려면, 행성(3) 오브젝트를 그대로 복제해 같은 코드를 가진 오브젝트를 하나 더 만들면 됩니다. 새로 만들어진 오브젝트 이름은 뒤에 1이 붙어서 '행성(3)1'이 됩니다.

장면2 오브젝트 배치하기

1 실행화면 상단의 '+' 버튼을 클릭해 장면을 추가하고, 이름을 '게임끝'이라고 정합니다.

▶ 초시계가 20초 흐르고 실행되는 장면입니다.

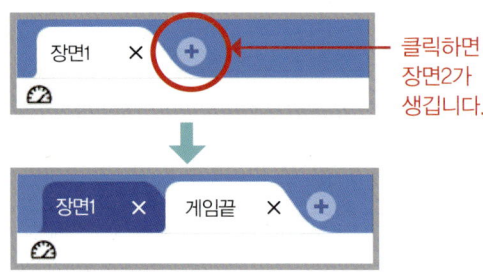

클릭하면 장면2가 생깁니다.

2 '오브젝트 추가하기▶배경▶자연▶달 표면'을 선택해 배경을 만듭니다.

3 '오브젝트 추가하기▶ 글상자 탭'을 선택한 뒤, '당신의 점수는'을 글상자 칸에 쓰고 적용합니다. 오브젝트 목록에서 글상자의 이름과 크기를 바꿉니다.

▶ 글자 모양을 고딕체로 선택합니다.
▶ 배경색을 투명으로 선택합니다.
▶ 글상자의 이름을 '점수'로 바꿉니다.
▶ 글상자의 크기를 130으로 바꿉니다.

잠깐!

오브젝트 추가하기로 글상자를 만들면, '붓' 블록꾸러미가 '글상자' 블록꾸러미로 바뀌고 글상자와 관련된 블록들이 생깁니다.

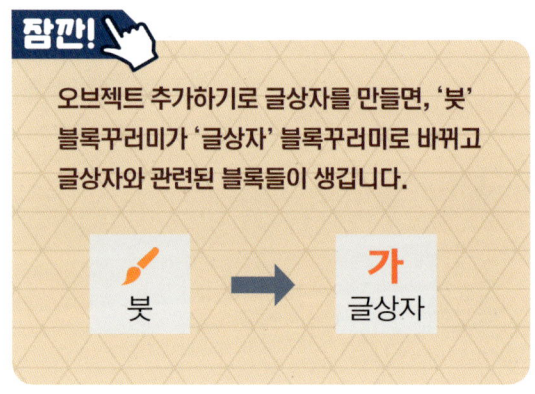

Step4 만들기-①

게임이 끝나 장면이 바뀌면 점수가 표시됩니다.

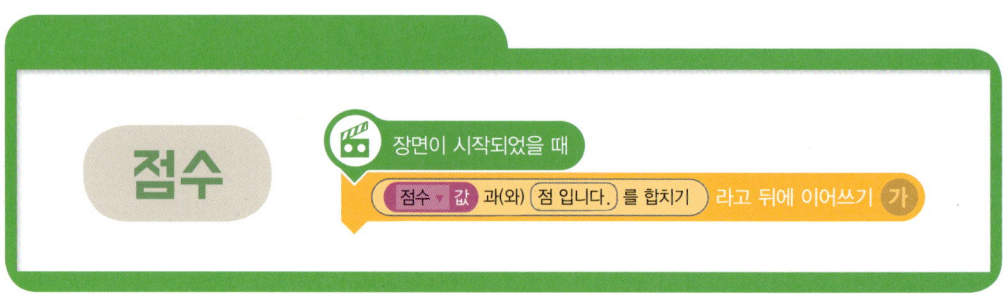

1 🏁 **시작** 블록꾸러미에서 장면이 시작되었을 때 를 끌어다 놓습니다.

▶ 장면이 시작되었을 때 아래의 명령어가 실행됩니다.

2 가 **글상자** 블록꾸러미에서 엔트리 라고 뒤에 이어쓰기 가 를 끌어다 연결합니다.

3 ➕ **계산** 블록꾸러미에서 안녕! 과(와) 엔트리 를 합치기 를 끌어다 엔트리 부분에 끼워 넣고, 뒤쪽 '엔트리'를 '점입니다.'로 바꿉니다.

4 ❓ **자료** 블록꾸러미에서 점수 값 을 끌어다 안녕! 부분에 끼워 넣습니다.

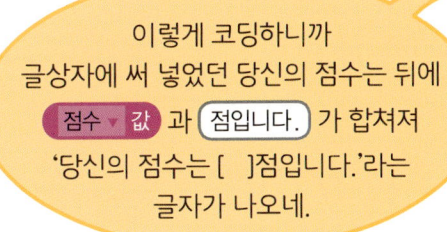

이렇게 코딩하니까 글상자에 써 넣었던 당신의 점수는 뒤에 점수 값 과 점입니다. 가 합쳐져 '당신의 점수는 [ ]점입니다.'라는 글자가 나오네.

 Step4 만들기-②

초시계와 점수 변수가 더 이상 화면에서 보이지 않습니다.

1 🏁 **시작** 블록꾸러미에서 장면이 시작되었을 때 를 끌어다 놓습니다.

2 ➕ **계산** 블록꾸러미에서 초시계 숨기기 를 끌어다 연결합니다.

3 ❓ **자료** 블록꾸러미에서 변수 점수 숨기기 를 끌어다 연결합니다.

 전체 코드 확인하기

블록이 잘 조립되었는지 확인하고, 시작하기 버튼을 눌러 실행해 봅시다.

장면1

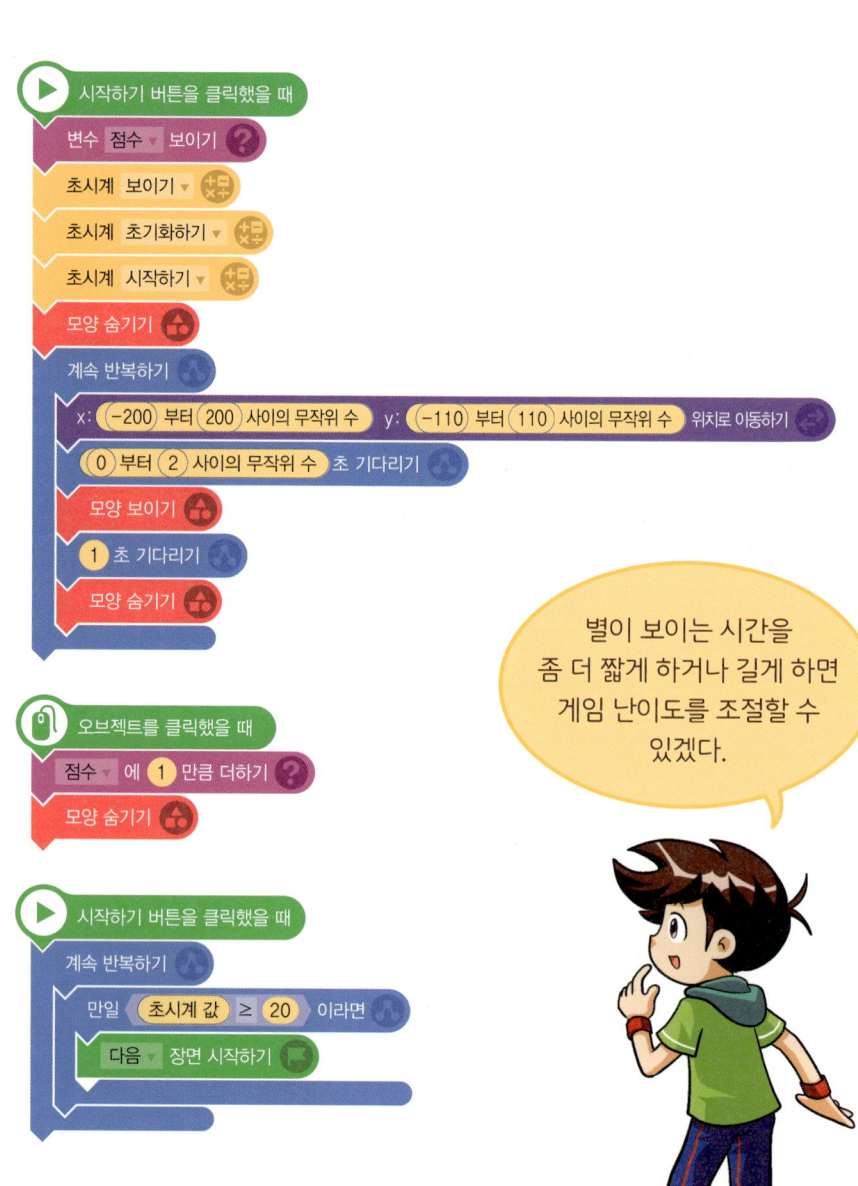

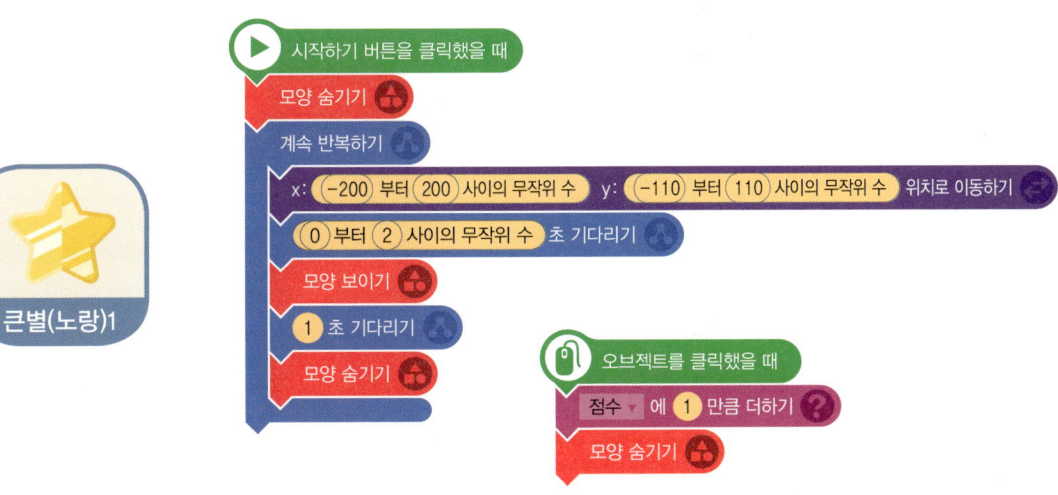

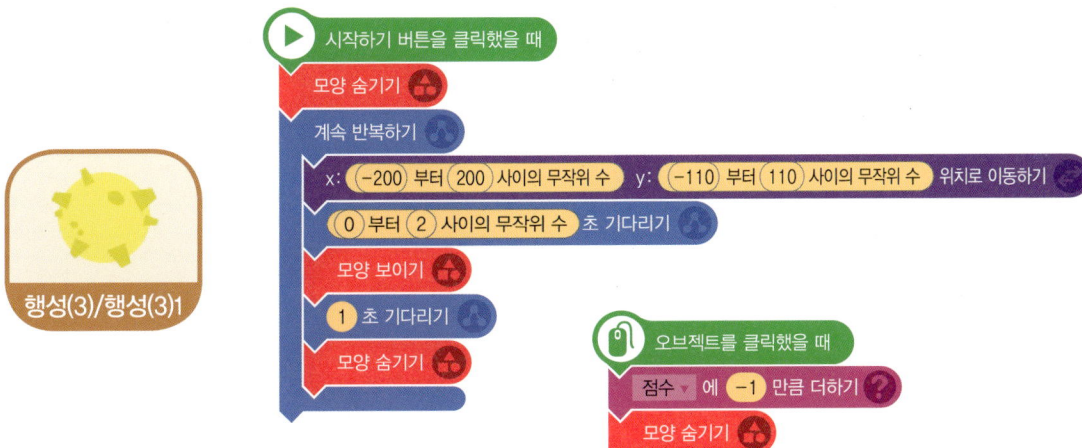

장면2

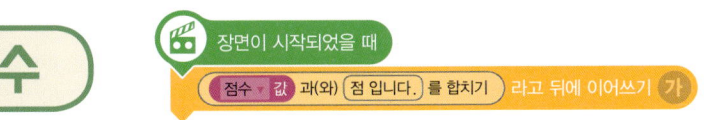

밤하늘의 별을 본 적이 있죠? 예로부터 사람들은 하늘의 별들을 이어서 그 형태에 따라 동물이나 물건, 신화 속 인물들의 이름을 붙였습니다. 이를 별자리라고 하지요.

큰별(노랑) 오브젝트를 움직여 오리온자리 그림을 그려 보세요.

오리온자리

Tip 붓 블록꾸러미의 블록들을 이용해 보세요.

획득!

 미션을 해결했다면, 이제 당신의 기사는 강철도 자를 수 있는 '칼' 아이템을 얻었습니다.

정답은 141쪽에서 확인해 보세요!

5장
가위바위보 게임

친구들과 가위바위보를 해 본 적 있지요? 컴퓨터와 가위바위보 대결을 하는 프로그램은 어떻게 만들면 좋을까요?

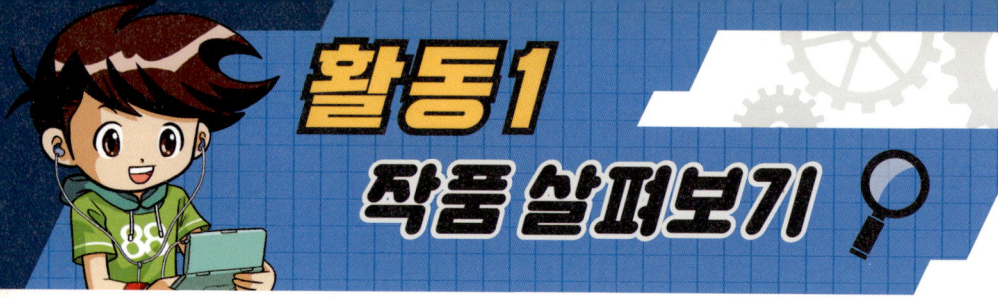

완성 작품 구성 미리보기

다음 주소 https://goo.gl/yNAxvb 로 들어가면 완성 작품이 있습니다. 작품명은 '게임_05장'으로, 엔트리 사이트 공유하기에서 'whycoding3'을 검색해도 작품을 볼 수 있습니다.

미리보기 QR코드로도 작품을 볼 수 있어요.

Step 1 게임이 시작되면 내가 뭘 낼지 물어봅니다. 대답 창에 숫자를 쓰고 엔터키를 누르면 시합이 시작됩니다.

Step 2 다람쥐가 가위바위보를 말하며 자신이 낼 것을 정합니다.

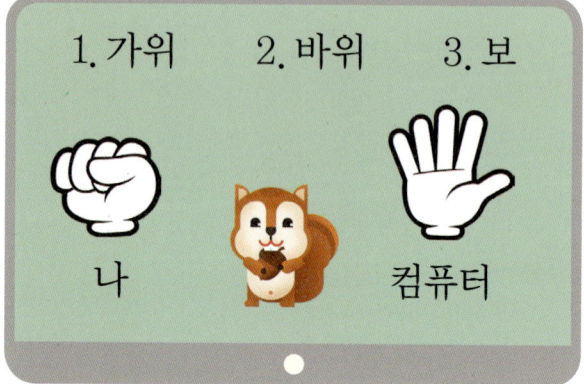

Step 3 가위바위보 중 내가 선택한 숫자에 해당하는 모양이 다람쥐 왼쪽에 나타납니다.

Step 4 다람쥐 오른쪽에는 컴퓨터가 가위바위보 중 하나를 냅니다.

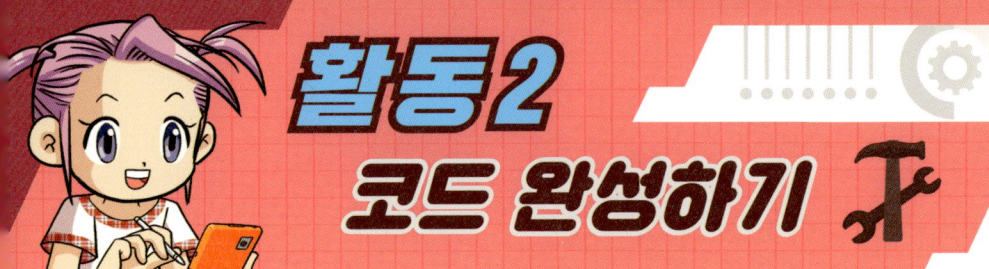

 오브젝트 배치하기

1 '오브젝트 추가하기▶배경▶기타▶단색 배경'을 선택해 배경을 만듭니다.

2 '오브젝트 추가하기▶ 글상자 탭'을 선택하고, '1. 가위 2. 바위 3. 보'를 글상자 칸에 쓰고 적용합니다.

▶ 배경색을 투명으로 선택합니다.
▶ 글자 사이를 충분히 띄워 줍니다.

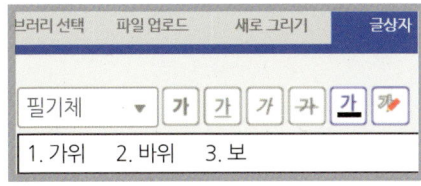

3 오브젝트 목록에서 글상자의 이름과 위치, 크기를 바꿉니다.

▶ 글상자의 이름을 '기본설명'으로 바꿉니다.
▶ 글상자의 X좌표를 −5, Y좌표를 105, 크기를 180으로 바꿉니다.

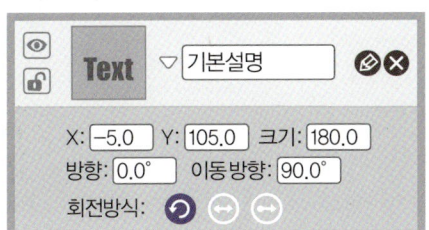

4 **2**~**3**을 반복해 '나'라는 글상자를 만듭니다.

▶ '나' 글상자의 X좌표를 −140, Y좌표를 −70, 크기를 35로 바꿉니다.

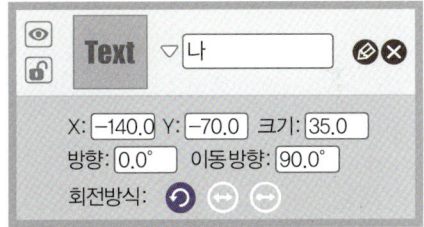

5 **2**~**3**을 반복해 '컴퓨터'라는 글상자를 만듭니다.

▶ '컴퓨터' 글상자의 X좌표를 133, Y좌표를 −70, 크기를 60으로 바꿉니다.

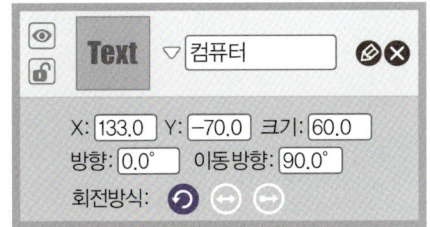

글상자의 경우 글자 수에 따라 크기가 달라지기 때문에 완성된 다음 크기와 위치를 다시 조정해 주면 좋습니다.

6 '오브젝트 추가하기▶동물▶땅▶다람쥐'를 선택해 오브젝트를 추가하고, 오브젝트 목록에서 위치를 바꿉니다.

▶ 다람쥐의 Y좌표를 −30으로 바꿉니다.

7 '오브젝트 추가하기▶인터페이스▶가위바위보'를 선택해 오브젝트를 추가하고, 오브젝트 목록에서 이름과 위치를 바꿉니다.

▶ '가위바위보'의 이름을 '나'로 바꿉니다.
▶ 나의 X좌표를 −141, Y좌표를 16으로 바꿉니다.

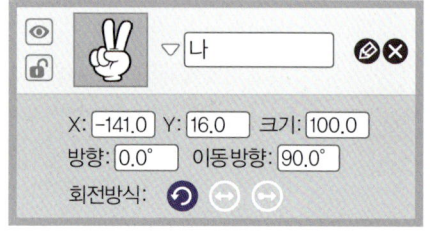

8 오브젝트 목록에서 '나' 오브젝트에 마우스를 대고 오른쪽 버튼을 클릭해 복제를 합니다.

▶ 코드 복제한 오브젝트는 끝에 숫자 1이 붙어서 이름이 '나1'이 됩니다.

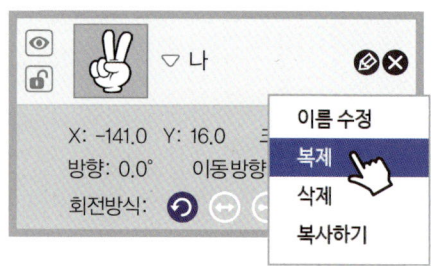

9 '나1' 오브젝트의 이름과 위치를 바꿉니다.

▶ '나1'의 이름을 '컴퓨터'로 바꿉니다.
▶ 컴퓨터의 X좌표를 134, Y좌표를 16으로 바꿉니다.

10 적절하게 배치되었는지 확인합니다.

> 가위바위보는 둘이 하는 게임이라 가위바위보 모양을 2개 만들어 준 것입니다. 왼쪽 가위바위보는 '나'의 명령에 따라, 오른쪽 가위바위보는 '컴퓨터'의 명령에 따라 바뀌게 됩니다.

Step 1 만들기-①

다람쥐가 뭘 낼지 질문하고, 대답을 할 수 있는 입력창이 뜹니다.

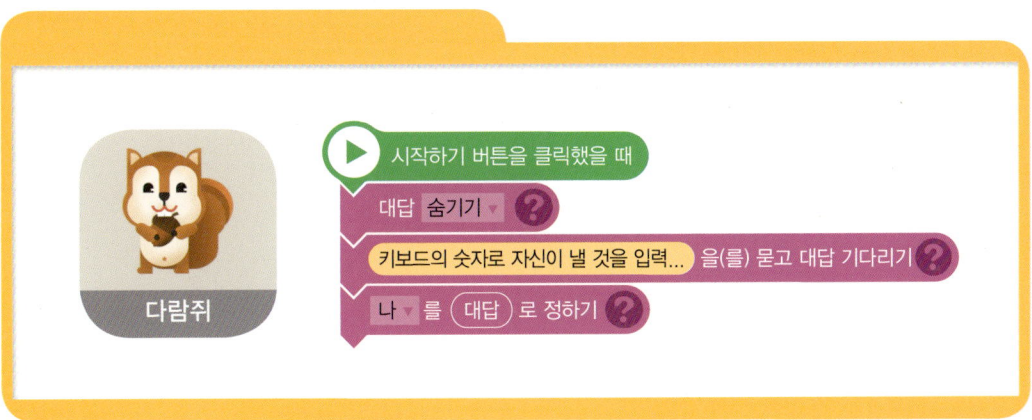

1 ▶ 시작 블록꾸러미에서 `시작하기 버튼을 클릭했을 때` 를 끌어다 놓습니다.

2 `속성` 탭에서 '변수'를 선택하고 '변수 추가'를 클릭해, '나' 변수를 만듭니다.

3 ? 자료 블록꾸러미에서 `대답 숨기기` 를 끌어다 연결합니다.
▶게임 중 자신의 대답을 중간에 확인할 수 없게 합니다.

4 ? 자료 블록꾸러미에서 `안녕! 을(를) 묻고 대답 기다리기` 를 끌어다 연결하고, '키보드의 숫자로 자신이 낼 것을 입력하세요.'로 바꿉니다.

내 대답은 정해져 있지 않고 늘 변합니다. 바뀌는 수는 이렇게 변수를 만들어 코딩하면 됩니다.

5 ❓자료 블록꾸러미에서  를 끌어다 연결합니다.
▶새로 변수를 만들면, 새로 추가된 변수가 적용됩니다.

6 ❓자료 블록꾸러미에서 대답 을 끌어다 10 부분에 끼워 넣습니다.
▶대답 값이 '나' 변수가 됩니다.

🖱 Step 1 만들기-②

컴퓨터도 자신이 낼 것을 정합니다.

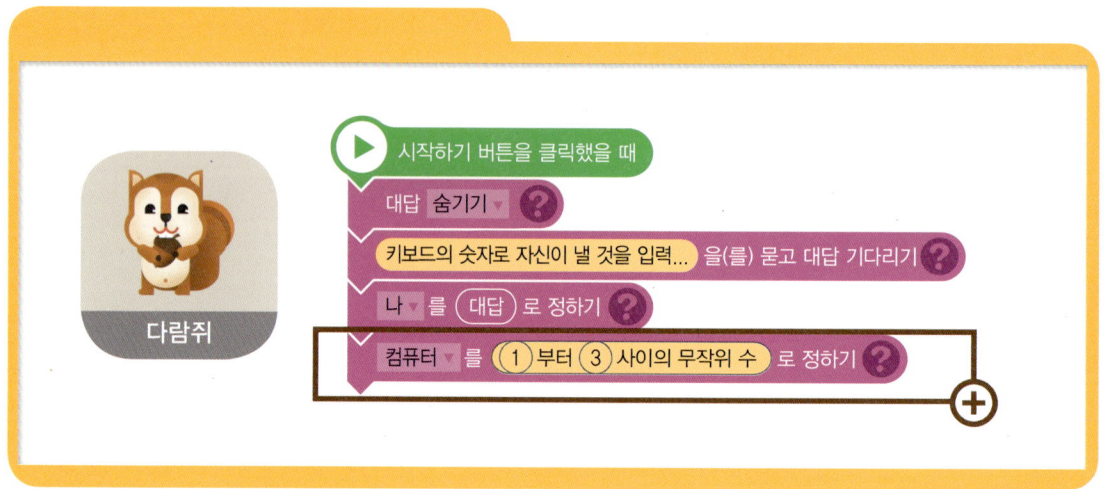

1 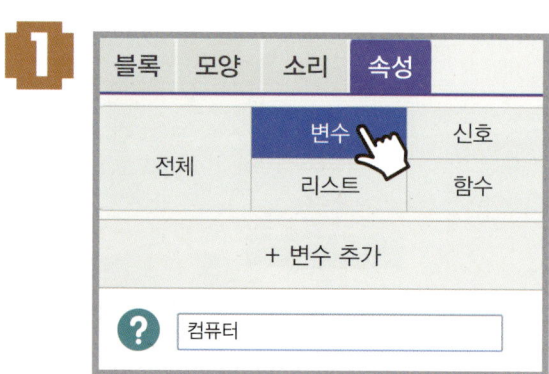 속성 탭에서 '변수'를 선택하고 '변수 추가'를 클릭해, '컴퓨터' 변수를 만듭니다.

2 ❓ **자료** 블록꾸러미에서  를 끌어다 연결합니다.

▶ 새로 변수를 만들면, 새로 추가된 변수가 적용됩니다.

3 ➗ **계산** 블록꾸러미에서 `0 부터 10 사이의 무작위 수` 를 끌어다 `10` 부분에 끼워 넣고, 값을 1과 3으로 바꿉니다.

▶ 컴퓨터의 경우, 가위바위보 중 어떤 걸 낼지 알 수 없도록 무작위 수로 정해서 게임을 할 때마다 값이 달라지게 합니다.

🖱 Step2 만들기

다람쥐가 가위바위보를 말하고 신호를 보냅니다.

1 🔺 **생김새** 블록꾸러미에서 `안녕! 을(를) 4 초 동안 말하기` 를 끌어다 연결하고, '가위'와 1초로 바꿉니다.

2 🔺생김새 블록꾸러미에서 `안녕! 을(를) 4 초 동안 말하기` 를 끌어다 연결하고, '바위'와 1초로 바꿉니다.

3 🔺생김새 블록꾸러미에서 `안녕! 을(를) 4 초 동안 말하기` 를 끌어다 연결하고, '보'와 1초로 바꿉니다.

왜 '가위바위보'라고 한 번에 대사를 입력하지 않고 따로따로 입력해?

가위바위보를 한 번에 말하는 것보다 따로 3번 입력하면 말풍선이 3번 나오기 때문에 좀 더 긴장감을 줄 수 있거든.

4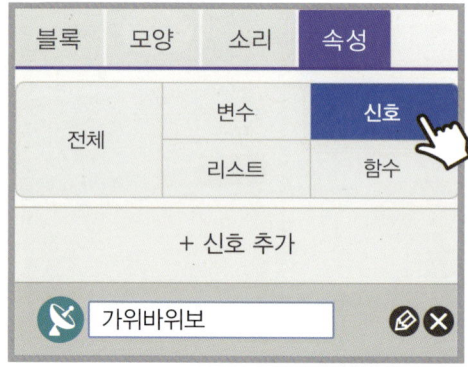

속성 탭에서 '신호'를 선택하고 '신호 추가'를 클릭해, '가위바위보' 신호를 만듭니다.

5 🚩시작 블록꾸러미에서 `가위바위보 신호 보내기` 를 끌어다 연결합니다.

 Step3 만들기-①

처음 시작할 때에는 가위바위보 오브젝트가 보이지 않습니다.

1 ▶ 시작 블록꾸러미에서 `시작하기 버튼을 클릭했을 때` 를 끌어다 놓습니다.

2 ▲ 생김새 블록꾸러미에서 `모양 숨기기` 를 끌어다 연결합니다.

잠깐!

게임을 하다 보면 처음부터 화면에 보이는 캐릭터도 있지만 중간에 등장하는 캐릭터도 있습니다. 이렇게 중간에 캐릭터가 나오면 게임을 더 재미있고 풍성하게 만들어 줍니다. 게임은 예상하지 못한 것이 나왔을 때 더 흥미진진해지는 법이니까요.

그런데 엔트리에서는 중간에 갑자기 오브젝트가 생기는 것이 아니라 처음부터 배치하게 되어 있습니다. 다만 처음에는 보이지 않게 숨겨 두었다가 필요할 때 보이게 하는 것입니다. 이럴 때 사용하는 블록이 바로 `모양 숨기기` 입니다. 게임에서는 가장 흔히 쓰이는 블록이니 꼭 기억해 두세요!

모양 숨기기 → 모양 보이기

Step3 만들기-②

내 대답에 따라 다른 모양이 나옵니다. '1'이라는 대답에는 가위, '2'에는 바위, '3'에는 보 모양이 나옵니다.

1 🏁 시작 블록꾸러미에서 `가위바위보 신호를 받았을 때` 를 끌어다 놓습니다.

2 흐름 블록꾸러미에서 `만일 참 이라면` 을 끌어다 연결합니다.

3 판단 블록꾸러미에서 `10 = 10` 을 끌어다 `참` 부분에 끼워 넣습니다.

4 ? 자료 블록꾸러미에서 `컴퓨터 값` 을 끌어다 앞쪽 `10` 부분에 끼워 넣고, ▼를 클릭해 '나'를 선택합니다.

▶ '나' 값은 입력한 '대답' 값과 같습니다. 입력한 것에 따라 달라지는 값입니다.

5 뒤쪽 `10` 을 1로 바꿉니다.

6 생김새 블록꾸러미에서 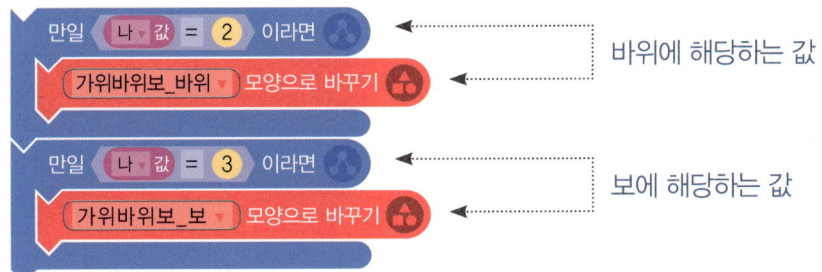 를 끌어다 조건 블록 안쪽에 연결합니다.

▶ 숫자 '1'을 입력하면, 가위 모양으로 바뀌는 것으로 약속을 정하는 것입니다.

7 방금 만든 조건 블록에 마우스를 가져다 대고, 마우스 오른쪽 버튼을 클릭해 코드를 복사한 뒤 2번 붙여 넣습니다.

8 바위와 보에 해당하는 값들을 바꿔 줍니다.

- 만일 나▼값 = 2 이라면 ◀······ 바위에 해당하는 값
  - 가위바위보_바위▼ 모양으로 바꾸기 ◀······
- 만일 나▼값 = 3 이라면 ◀······ 보에 해당하는 값
  - 가위바위보_보▼ 모양으로 바꾸기 ◀······

9 생김새 블록꾸러미에서 모양 보이기 를 끌어다 연결합니다.

잠깐!

앞에서 반복 블록을 연결할 때 안쪽에 연결할지 바깥쪽에 연결할지 잘 알고 코딩해야 한다고 했죠? 조건 블록도 마찬가지입니다. 블록을 잘못 연결하면 같은 블록을 사용하더라도 전혀 다른 결과가 나타나게 됩니다. 아래 블록을 보세요. 어떤 차이가 있는지 보이나요?

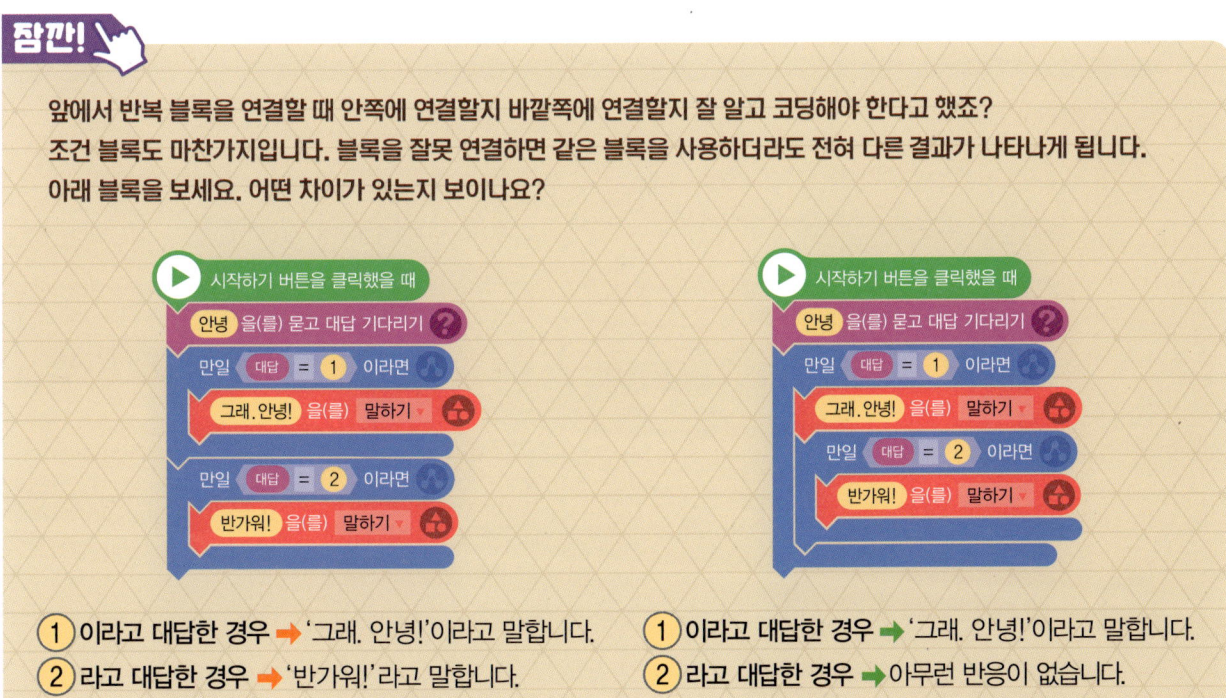

① 이라고 대답한 경우 ➡ '그래. 안녕!'이라고 말합니다.
② 라고 대답한 경우 ➡ '반가워!'라고 말합니다.

① 이라고 대답한 경우 ➡ '그래. 안녕!'이라고 말합니다.
② 라고 대답한 경우 ➡ 아무런 반응이 없습니다.

컴퓨터가 선택한 모양이 다람쥐 오른쪽에 나타납니다.

1 나 오브젝트의 완성된 코드에 마우스를 대고 오른쪽 버튼을 클릭해 코드 복사를 합니다.
오브젝트 목록에서 '컴퓨터'를 선택하고, 블록조립소에 코드를 붙여 넣습니다.

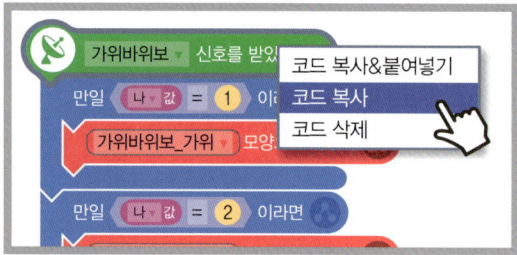 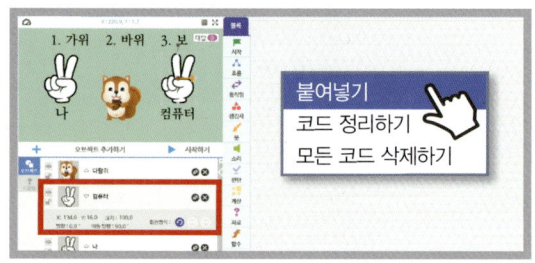

2 ▼를 클릭해 '나'를 모두 '컴퓨터'로 바꿔 줍니다.

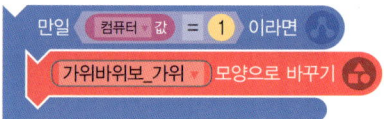

전체 코드 확인하기

블록이 잘 조립되었는지 확인하고, 시작하기 버튼을 눌러 실행해 봅시다.

코딩 Level Up!

컴퓨터와 가위바위보 게임을 해서 몇 번이나 이겼나요? 혹시 꼼지처럼 계속 지지는 않았나요? 지는 걸 싫어한다면 늘 내가 이기게 코딩할 수도 있습니다.

 내가 항상 컴퓨터를 이기도록 코딩해 보세요.

 내가 항상 이기려면 컴퓨터가 어떤 걸 내야 할까요?

나	가위	바위	보
컴퓨터	보	가위	바위

+ 망토   획득!

 미션을 해결했다면, 이제 당신의 기사는 기사를 더욱 빛나게 해 줄 '망토' 아이템을 얻었습니다.

정답은 142쪽에서 확인해 보세요!

칠교놀이

칠교놀이 게임판을 사지 않고 내가 직접 만들어서 즐기면 더 재미있겠죠?
창의적으로 도형을 맞춰야 하는 칠교놀이는 어떻게 만들까요?

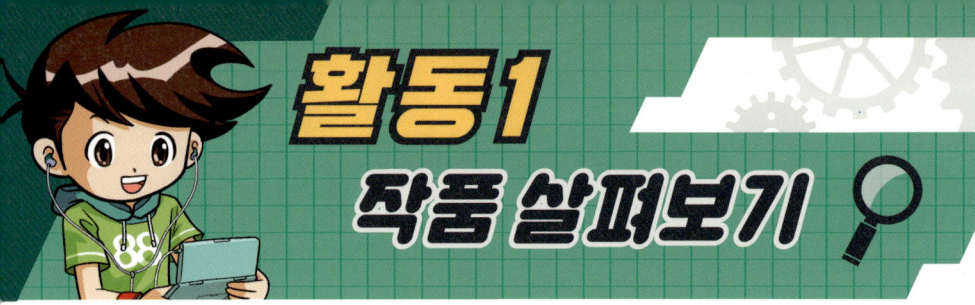

완성 작품 구성 미리보기

다음 주소 https://goo.gl/TKWW17 로 들어가면 완성 작품이 있습니다. 작품명은 '게임_06장'으로, 엔트리 사이트 공유하기에서 'whycoding3'을 검색해도 작품을 볼 수 있습니다.

미리보기 QR코드로도 작품을 볼 수 있어요.

*이 작품은 3개의 장면으로 구성되어 있습니다.

Step 1 첫 화면에 게임시작과 도움말 버튼이 보입니다. 클릭하면 해당 장면으로 이동합니다.

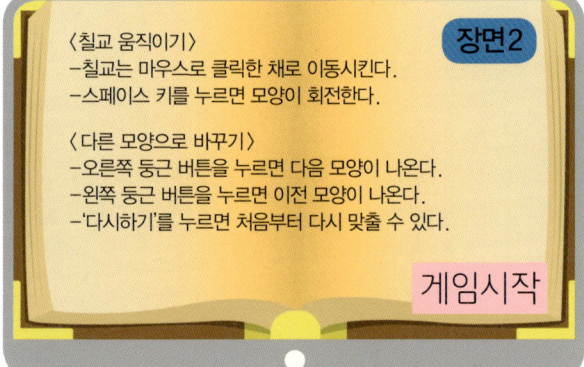

Step 2 도움말에는 게임 설명과 함께 게임시작 버튼이 보입니다. 게임시작을 누르면 게임 화면으로 이동합니다.

Step 3 오른쪽 둥근 버튼을 누르면 다음 모양이, 왼쪽 둥근 버튼을 누르면 이전 모양이 나옵니다. 다시하기 버튼을 누르면 모양을 처음부터 다시 맞출 수 있습니다.

Step 4 게임이 시작되면, 화면 왼쪽의 칠교놀이 조각을 마우스로 드래그해 오른쪽 모양 위에 얹어서 맞출 수 있습니다. 스페이스 키를 누르면 선택한 조각이 회전합니다.

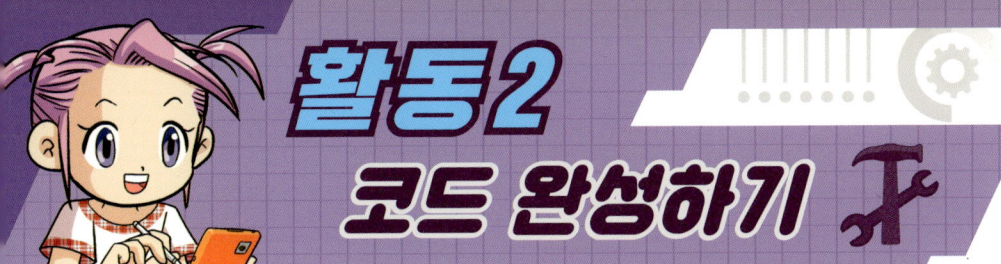

활동 2 코드 완성하기

 장면1 오브젝트 배치하기

1 '오브젝트 추가하기▶배경▶실내 ▶교실'을 선택해 배경을 만듭니다.

2 '오브젝트 추가하기▶ 글상자 탭'을 선택한 뒤, '칠교놀이'를 글상자 칸에 쓰고 적용합니다.
  - ▶글자 모양을 고딕체로 선택합니다.
  - ▶글자색을 흰색으로, 배경색을 투명으로 선택합니다.

3 오브젝트 목록에서 글상자의 이름과 위치, 크기를 바꿉니다.
  - ▶글상자의 이름을 '칠교놀이'로 바꿉니다.
  - ▶글상자의 X좌표를 -80, Y좌표를 15, 크기를 130으로 바꿉니다.

4 '오브젝트 추가하기▶ 글상자 탭'을 선택한 뒤, '게임시작'을 글상자 칸에 쓰고 적용합니다.
  - ▶글자 모양을 고딕체로 선택합니다.
  - ▶배경색을 노란색으로 선택합니다.

5 오브젝트 목록에서 글상자의 이름과 위치, 크기를 바꿉니다.
  - ▶글상자의 X좌표를 61, Y좌표를 -80, 크기를 75로 바꿉니다.

6 '오브젝트 추가하기▶ 글상자 탭'을 선택한 뒤, '도움말'을 글상자 칸에 쓰고 적용합니다.
  - ▶글자 모양을 고딕체로 선택합니다.
  - ▶배경색을 노란색으로 선택합니다.

7 오브젝트 목록에서 글상자의 이름과 위치, 크기를 바꿉니다.
  - ▶글상자의 이름을 '도움말'로 바꿉니다.
  - ▶글상자의 X좌표를 185, Y좌표를 -80, 크기를 60으로 바꿉니다.

8 적절하게 배치되었는지 확인합니다.

Step 1 만들기 - ①

첫 장면인 시작화면에서 '게임시작' 버튼을 누르면 게임시작 장면으로 이동합니다.

1 ▶시작 블록꾸러미에서 오브젝트를 클릭했을 때 를 끌어다 놓습니다.
▶ '게임시작' 오브젝트를 클릭하면 아래의 명령어가 실행됩니다.

2 ▶시작 블록꾸러미에서 시작화면 시작하기 를 끌어다 연결하고, ▼를 클릭해 '게임시작'을 선택합니다.

 **Step 1 만들기-②**

'도움말' 버튼을 누르면 도움말 장면으로 이동합니다.

1 🏁 시작 블록꾸러미에서 `오브젝트를 클릭했을 때` 를 끌어다 놓습니다.
▶'도움말' 오브젝트를 클릭하면 아래의 명령어가 실행됩니다.

2 🏁 시작 블록꾸러미에서 `시작화면 시작하기` 를 끌어다 연결하고, ▼를 클릭해 '도움말'을 선택합니다.

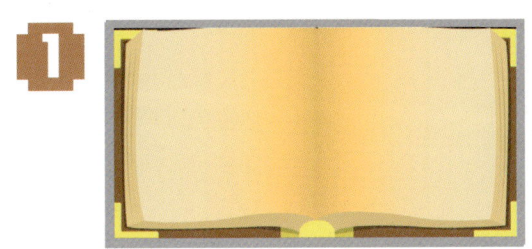 **장면2 오브젝트 배치하기**

1 '오브젝트 추가하기▶배경▶기타▶책배경'을 선택해 배경을 만듭니다.
▶시작화면에서 도움말 버튼을 눌렀을 때 실행되는 도움말 장면입니다.

2 '오브젝트 추가하기▶ 글상자 탭'을 선택한 뒤, 도움말 내용을 글상자 칸에 쓰고 적용합니다.

▶글자 모양을 고딕체로 선택합니다.
▶배경색을 투명으로 선택합니다.

도움말 내용

〈 칠교 움직이기 〉
− 칠교는 마우스로 클릭한 채로 이동시킨다.
− 스페이스 키를 누르면 모양이 회전한다.

〈 다른 모양으로 바꾸기 〉
− 오른쪽 둥근 버튼을 누르면 다음 모양이 나온다.
− 왼쪽 둥근 버튼을 누르면 이전 모양이 나온다.
− '다시하기'를 누르면 처음부터 다시 맞출 수 있다.

글이 많은 경우, 여기를 선택해야 줄 바꿈을 할 수 있습니다.

3 도움말 내용이 잘 보이도록 글상자의 크기를 조정합니다.

▶글상자 오브젝트를 편집하고 싶을 때는, 오브젝트 목록에서 해당 오브젝트를 선택하고 글상자 탭을 클릭하면 수정할 수 있습니다.

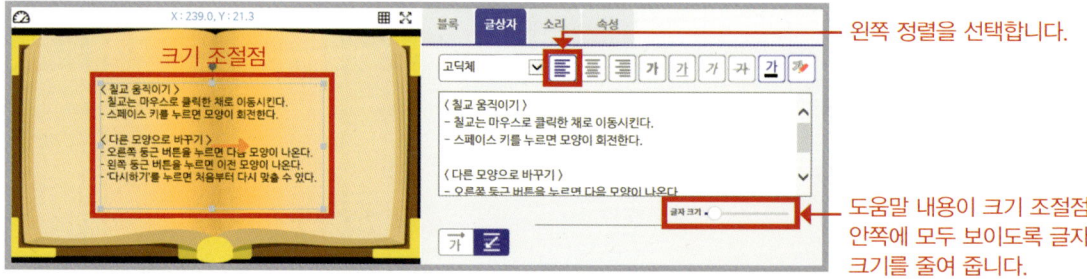

왼쪽 정렬을 선택합니다.

도움말 내용이 크기 조절점 안쪽에 모두 보이도록 글자 크기를 줄여 줍니다.

4 오브젝트 목록에서 글상자의 이름과 위치, 크기를 바꿉니다.

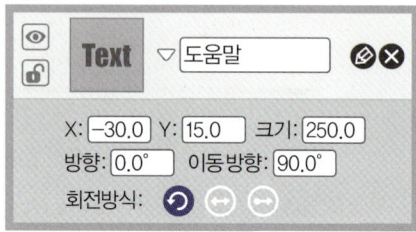

▶글상자의 이름을 '도움말'로 바꿉니다.
▶글상자의 X좌표를 −30, Y좌표를 15, 크기를 250으로 바꿉니다.

5 '오브젝트 추가하기▶ 글상자 탭'을 선택한 뒤, 게임시작'을 글상자 칸에 쓰고 적용합니다.

▶글자 모양을 고딕체로 선택합니다.
▶배경색을 분홍색으로 선택합니다.

6 오브젝트 목록에서 글상자의 이름과 위치, 크기를 바꿉니다.

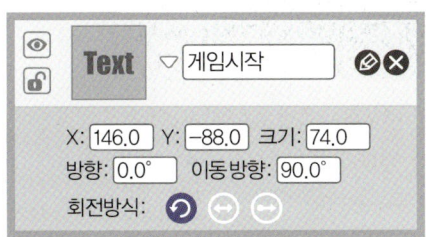

▶ 글상자의 이름을 '게임시작'으로 바꿉니다.
▶ 글상자의 X좌표를 146, Y좌표를 −88, 크기를 74로 바꿉니다.

7 적절하게 배치되었는지 확인합니다.

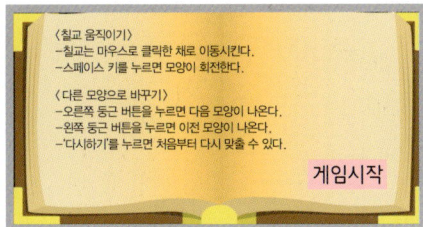

step2 만들기

도움말 장면에서 '게임시작' 버튼을 누르면 게임시작 장면으로 이동합니다.

'시작화면' 장면의 '게임시작' 오브젝트에 똑같은 코드가 있으니, 복사해서 붙여 넣어도 돼요!

1 시작 블록꾸러미에서  오브젝트를 클릭했을 때 를 끌어다 놓습니다.

2 시작 블록꾸러미에서 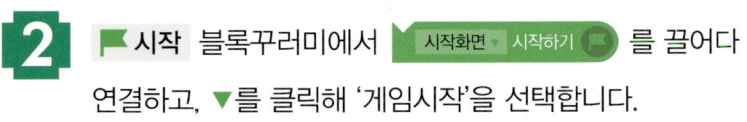 를 끌어다 연결하고, ▼를 클릭해 '게임시작'을 선택합니다.

장면3 오브젝트 배치하기

1 '오브젝트 추가하기▶배경▶기타▶ 칠교놀이'를 선택해 배경을 만듭니다.

▶ 시작화면이나 도움말 장면에서 '게임시작' 버튼을 눌렀을 때 실행되는 장면입니다.

2 '오브젝트 추가하기▶인터페이스▶둥근버튼 (앞/뒤)'을 선택해 오브젝트를 추가하고, 오브젝트 목록에서 위치와 크기를 바꿉니다.

▶ 둥근버튼(앞/뒤)의 X좌표를 210, Y좌표를 −110, 크기를 50으로 바꿉니다.

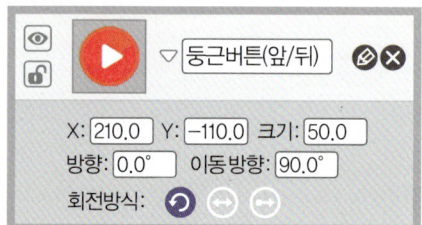

3 오브젝트 목록에서 '둥근버튼(앞/뒤)'을 복제해 '둥근버튼(앞/뒤)1' 오브젝트를 만들고, 모양 탭에서 모양을 바꿉니다.

▶ '둥근버튼(앞/뒤)_2' 모양을 선택합니다.

4 오브젝트 목록에서 위치를 바꿉니다.

▶ 둥근버튼(앞/뒤)1의 X좌표를 −210으로 바꿉니다.

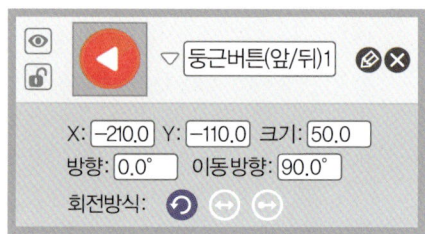

5 '오브젝트 추가하기▶인터페이스▶ 다시하기 버튼'을 선택해 오브젝트를 추가하고, 오브젝트 목록에서 위치와 크기를 바꿉니다.

▶ 다시하기 버튼의 Y좌표를 115, 크기를 50으로 바꿉니다.

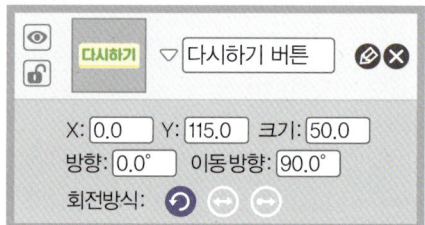

6 '오브젝트 추가하기▶물건▶취미▶칠교놀이 조각'을 선택해 오브젝트를 추가하고, 오브젝트 목록에서 위치를 바꿉니다.

▶ 칠교놀이 조각의 X좌표를 −150, Y좌표를 −15로 바꿉니다.

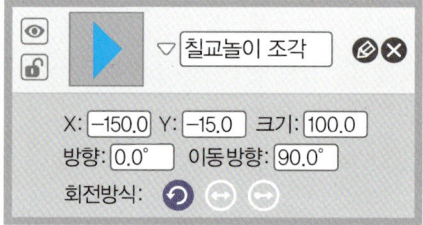

7 오브젝트 목록에서 '칠교놀이 조각'을 복제해 '칠교놀이 조각1' 오브젝트를 만들고, 모양 탭에서 모양을 바꿉니다.

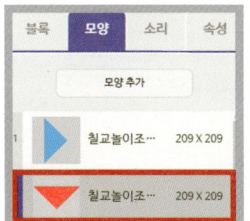

▶ '칠교놀이조각_2' 모양을 선택합니다.

▶ '칠교놀이조각_4' 모양을 선택합니다.
▶ 칠교놀이 조각3의 X좌표를 −125, Y좌표를 −30으로 바꿉니다.

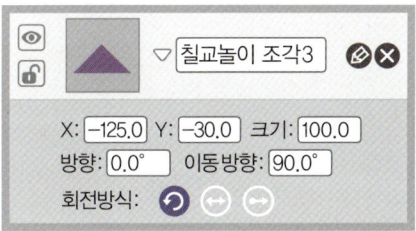

8 오브젝트 목록에서 위치를 바꿉니다.

▶ 칠교놀이 조각1의 X좌표를 −125, Y좌표를 10으로 바꿉니다.

▶ '칠교놀이조각_5' 모양을 선택합니다.
▶ 칠교놀이 조각4의 X좌표를 −95, Y좌표를 −50으로 바꿉니다.

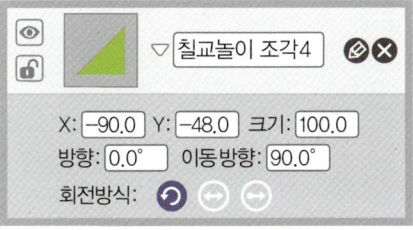

9 오브젝트 목록에서 '칠교놀이 조각'을 복제해 나머지 칠교놀이 조각도 만듭니다.

▶ '칠교놀이조각_3' 모양을 선택합니다.
▶ 칠교놀이 조각2의 X좌표를 −85, Y좌표를 10으로 바꿉니다.

▶ '칠교놀이조각_6' 모양을 선택합니다.
▶ 칠교놀이 조각5의 X좌표를 −100, Y좌표를 −15로 바꿉니다.

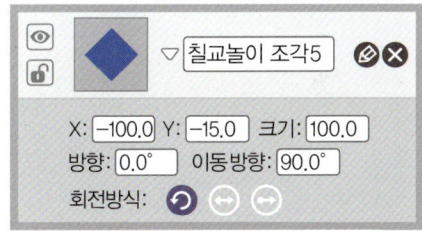

▶ '칠교놀이조각_7' 모양을 선택합니다.
▶ 칠교놀이 조각6의 X좌표를 −140, Y좌표를 −55로 바꿉니다.

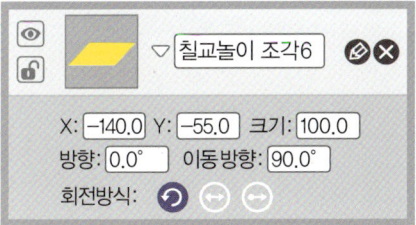

Step3 만들기-①

게임이 시작되면 강아지 모양 밑그림이 제시됩니다.

1 🏁 시작 블록꾸러미에서 `장면이 시작되었을 때` 를 끌어다 놓습니다.

2 🔺 생김새 블록꾸러미에서 `칠교놀이_강아지 모양으로 바꾸기` 를 끌어다 연결합니다.

▶게임을 시작할 때마다 강아지 모양 밑그림으로 되돌아가게 됩니다.

잠깐!

이제부터 신호가 필요합니다! 칠교놀이 배경과 칠교놀이 조각의 위치가 버튼을 누를 때마다 바뀌도록 신호를 만들어 줍니다.

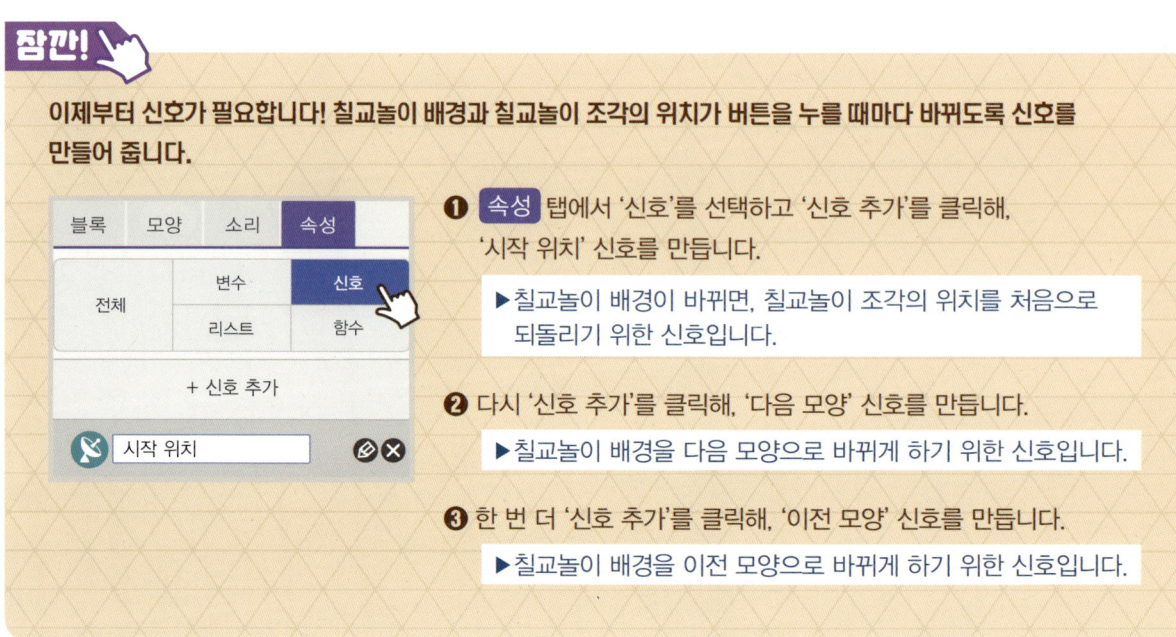

❶ 속성 탭에서 '신호'를 선택하고 '신호 추가'를 클릭해, '시작 위치' 신호를 만듭니다.
  ▶칠교놀이 배경이 바뀌면, 칠교놀이 조각의 위치를 처음으로 되돌리기 위한 신호입니다.

❷ 다시 '신호 추가'를 클릭해, '다음 모양' 신호를 만듭니다.
  ▶칠교놀이 배경을 다음 모양으로 바뀌게 하기 위한 신호입니다.

❸ 한 번 더 '신호 추가'를 클릭해, '이전 모양' 신호를 만듭니다.
  ▶칠교놀이 배경을 이전 모양으로 바뀌게 하기 위한 신호입니다.

Step3 만들기-②

다시하기 버튼을 누르면 칠교가 처음 위치로 가도록 신호를 보냅니다.

1 ▶시작 블록꾸러미에서 `오브젝트를 클릭했을 때` 를 끌어다 놓습니다.

2 ▶시작 블록꾸러미에서 `이전 모양 신호 보내기` 를 끌어다 연결하고, ▼를 클릭해 '시작 위치'를 선택합니다.

Step3 만들기-③

오른쪽 둥근 버튼을 누르면, 칠교놀이 배경이 다음 모양으로 바뀌고, 칠교놀이 조각이 처음 위치로 가도록 신호를 보냅니다.

1 ▶시작 블록꾸러미에서 `오브젝트를 클릭했을 때` 를 끌어다 놓습니다.

2 ▶시작 블록꾸러미에서 `이전 모양▼ 신호 보내기` 를 끌어다 연결하고,
▼를 클릭해 '다음 모양'을 선택합니다.

3 ▶시작 블록꾸러미에서 `이전 모양▼ 신호 보내기` 를 다시 한 번 끌어다 연결하고,
▼를 클릭해 '시작 위치'를 선택합니다.

Step3 만들기-④

왼쪽 둥근 버튼을 누르면, 칠교놀이 배경이 이전 모양으로 바뀌고,
칠교놀이 조각이 처음 위치로 가도록 신호를 보냅니다.

1 ▶시작 블록꾸러미에서 `오브젝트를 클릭했을 때` 를 끌어다 놓습니다.

2 ▶시작 블록꾸러미에서 `이전 모양▼ 신호 보내기` 를 끌어다 연결합니다.

3 ▶시작 블록꾸러미에서 `이전 모양▼ 신호 보내기` 를 끌어다 연결하고,
▼를 클릭해 '시작 위치'를 선택합니다.

Step3 만들기-⑤

'이전 모양' 또는 '다음 모양' 신호를 받으면, 칠교놀이 배경이 이전이나 다음 모양으로 바뀝니다.

1 🚩 시작 블록꾸러미에서 [이전 모양 신호를 받았을 때] 를 끌어다 놓습니다.

2 🔺 생김새 블록꾸러미에서 [다음 모양으로 바꾸기] 를 끌어다 연결하고, ▼를 클릭해 '이전'을 선택합니다.

3 🚩 시작 블록꾸러미에서 [이전 모양 신호를 받았을 때] 를 끌어다 놓고, ▼를 클릭해 '다음 모양'을 선택합니다.

4 🔺 생김새 블록꾸러미에서 [다음 모양으로 바꾸기] 를 끌어다 연결합니다.

잠깐!

'다시하기' 버튼이나 둥근 버튼을 눌렀을 때 실제로 움직이는 건 칠교놀이 배경과 칠교놀이 조각입니다. 어떤 오브젝트가 다른 오브젝트를 움직이려고 할 때는 이렇게 '신호'를 보내면, 다른 오브젝트가 그 신호를 받아 움직이게 됩니다.

Step4 만들기-①

칠교놀이 조각은 마우스로 드래그해 움직입니다.

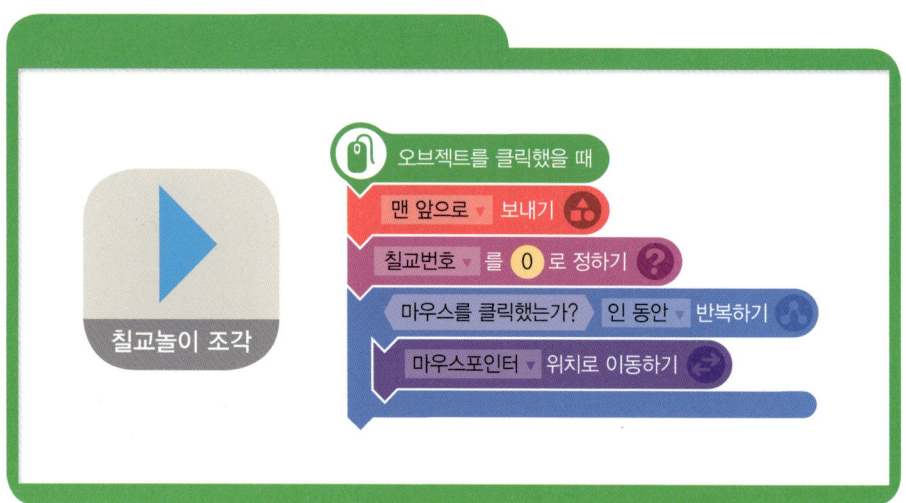

1 속성 탭에서 '변수'를 선택하고 '변수 추가'를 클릭해, '칠교번호' 변수를 만듭니다.

▶ 칠교놀이 조각을 구분하기 위해 변수가 필요합니다.

2 시작 블록꾸러미에서 `오브젝트를 클릭했을 때` 를 끌어다 놓습니다.

3 생김새 블록꾸러미에서 `맨 앞으로 보내기` 를 끌어다 연결합니다.

▶ 오브젝트끼리 겹쳤을 때 쉽게 이동시키기 위해 오브젝트를 클릭하면 맨 앞으로 나오게 하는 것입니다.

4 자료 블록꾸러미에서 `칠교번호를 10로 정하기` 를 끌어다 연결하고, 0으로 바꿉니다.

▶ 첫 번째 칠교놀이 조각을 '0'으로 하고, 그 이후 조각 순서대로 1, 2, 3…으로 번호를 매깁니다.

5 ⚙ 흐름 블록꾸러미에서 `참 이 될 때까지 반복하기` 를 끌어다 연결하고,

▼를 클릭해 '인 동안'을 선택합니다.

▶ 조건이 맞는 동안은 계속 반복하고, 조건이 맞지 않으면 실행하지 않습니다.

6 ✓ 판단 블록꾸러미에서 `마우스를 클릭했는가?` 를 끌어다 `참` 부분에 끼워 넣습니다.

7 ⇄ 움직임 블록꾸러미에서 `칠교놀이 조각6 위치로 이동하기` 를 끌어다 연결하고,

▼를 클릭해 '마우스포인터'를 선택합니다.

▶ 오브젝트가 클릭되어 있는 동안에는 오브젝트가 계속 마우스를 따라 이동합니다.

Step4 만들기-②

스페이스 키를 누르면 칠교놀이 조각이 회전합니다.

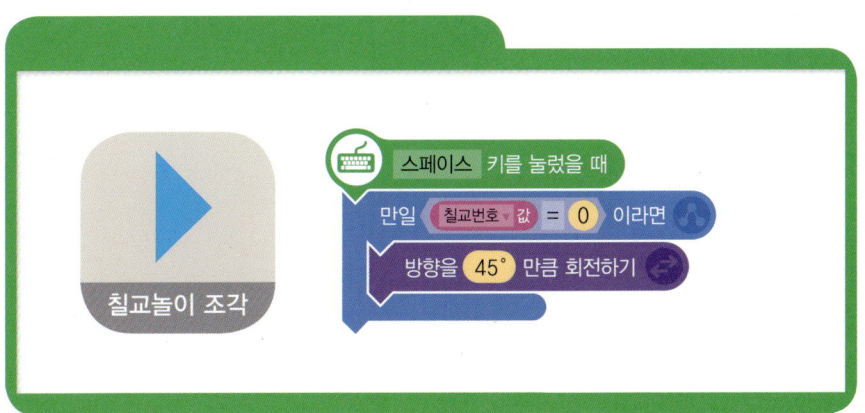

1 🚩 시작 블록꾸러미에서 `q 키를 눌렀을 때` 를 끌어다 놓고,

`q` 를 클릭해 실제 키보드의 '스페이스 키'를 눌러 선택합니다.

2 ⚙ 흐름 블록꾸러미에서 `만일 참 이라면` 을 끌어다 연결합니다.

3 ✓ 판단 블록꾸러미에서 `10 = 10` 을 끌어다 `참` 부분에 끼워 넣습니다.

4 ? 자료 블록꾸러미에서 `칠교번호 값` 을 끌어다 앞쪽 `10` 부분에 끼워 넣습니다.
뒤쪽 `10` 은 0으로 바꿉니다.

5 ↔ 움직임 블록꾸러미에서 `방향을 90° 만큼 회전하기` 를 끌어다 조건 블록 안쪽에 연결하고, 45°로 바꿉니다.

▶ 더 조금씩 회전시키고 싶으면 더 작은 수를 넣어 줘도 됩니다.
하지만 꼭 5단위로 회전시켜야 완성했을 때 모양이 제대로 나옵니다.

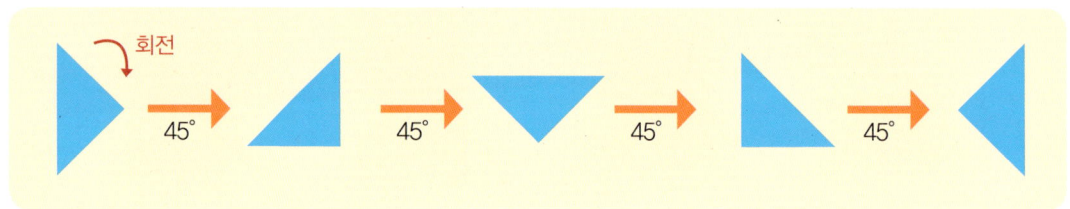

Step4 만들기-③

장면이 새로 시작되거나 시작 위치 신호를 받았을 때, 칠교놀이 조각이 처음 있던 위치로 갑니다.

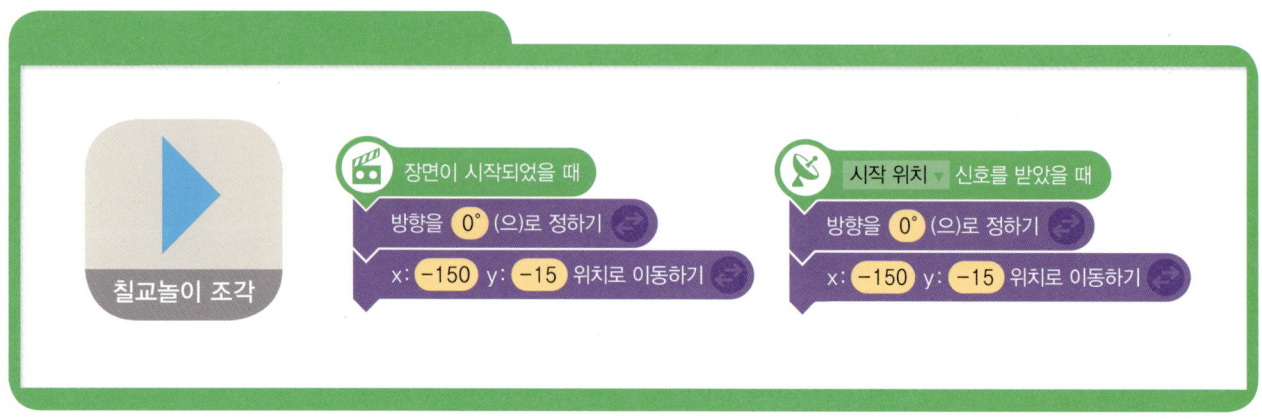

1. 🏁시작 블록꾸러미에서 `장면이 시작되었을 때` 를 끌어다 놓습니다.

2. ↔움직임 블록꾸러미에서 `방향을 90°(으)로 정하기` 를 끌어다 연결하고, 0°로 바꿉니다.

3. ↔움직임 블록꾸러미에서 `x: 0 y: 0 위치로 이동하기` 를 끌어다 연결하고, x좌표를 −150, y좌표를 −15로 바꿉니다.

4. `시작 위치 신호를 받았을 때` 를 끌어다 놓고, 2 ~ 3 을 반복해 코드를 완성합니다.

나머지 6개의 칠교놀이 조각도 같은 방법으로 명령어를 조립해요. 각 오브젝트의 시작 위치는 다음과 같아요. 아래 표를 참고로 나머지 코드를 완성해 보세요.

칠교 조각	칠교번호	시작 위치
▼	칠교번호값 = 1	시작 위치 x: −125 y: 10
◀	칠교번호값 = 2	시작 위치 x: −85 y: 10
▲	칠교번호값 = 3	시작 위치 x: −125 y: −30
◢	칠교번호값 = 4	시작 위치 x: −90 y: −48
◆	칠교번호값 = 5	시작 위치 x: −100 y: −15
▱	칠교번호값 = 6	시작 위치 x: −140 y: −55

헷갈리지 않게 잘 확인하면서 숫자를 바꾸어야겠다!

전체 코드 확인하기

블록이 잘 조립되었는지 확인하고, 시작하기 버튼을 눌러 실행해 봅시다.

장면1

 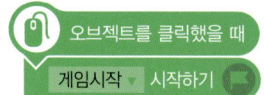    

장면2

 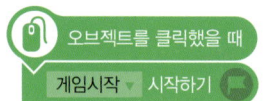

장면3

 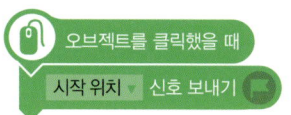

 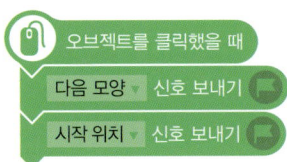  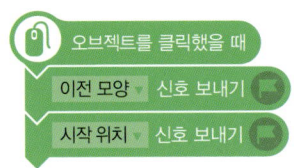

이 부분은 오브젝트마다 값이 모두 다릅니다. 칠교번호와 시작 위치는 87쪽을 참고해 오브젝트 7개의 코드를 완성하세요.

코딩 Level Up!

칠교놀이 게임을 직접 만들고 실행해 보니 더 재미있지요? 내가 직접 게임을 만들면 내 마음대로 수정할 수 있다는 게 가장 큰 장점이지요.

 오른쪽으로만 회전되던 조각이 왼쪽으로도 회전되고, 좌우 모양을 뒤집을 수 있게 게임을 업그레이드 시켜 보세요.

Tip 키보드의 왼쪽 화살표 키와 오른쪽 화살표 키, 그리고 좌우 모양 뒤집기 를 활용합니다.

 미션을 해결했다면, 이제 당신의 기사는 머리를 보호해 줄 '강철 투구' 아이템을 얻었습니다.

정답은 142쪽에서 확인해 보세요!

7장
사과 찾기 게임

장애물들을 피해서 목적지까지 가는 게임, 해 본 적 있나요?
흥미진진하고 긴장감 넘치는 이런 게임은 어떻게 만들면 좋을까요?

 완성 작품 구성 미리보기

다음 주소 `https://goo.gl/TC5mkf` 로 들어가면 완성 작품이 있습니다. 작품명은 '게임_07장'으로, 엔트리 사이트 공유하기에서 'whycoding3'을 검색해도 작품을 볼 수 있습니다.

미리보기 QR코드로도
작품을 볼 수 있어요.

Step 1 탐험가는 키보드를 이용해 왼쪽과 오른쪽으로만 움직일 수 있지만, 사다리에 닿으면 위아래로도 움직입니다.

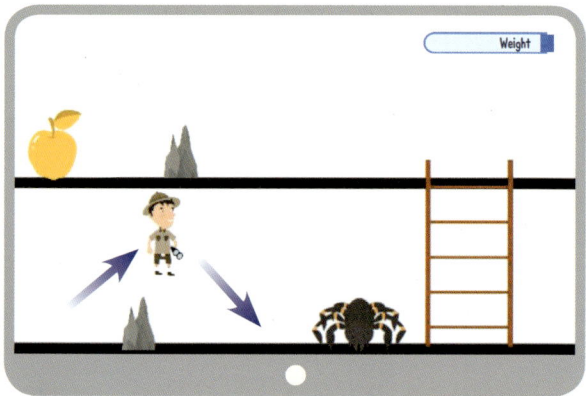

Step 2 스페이스 키를 누르면 탐험가는 점프를 합니다. 여러 번 빨리 눌러도 뛰는 동안에는 추가로 점프하지 않습니다.

Step 3 거미는 오른쪽으로 천천히 움직이다가, 벽에 닿으면 반대 방향으로 움직입니다. 이것을 계속 반복합니다.

Step 4 탐험가는 바위나 거미에 닿으면 '실패다!'라고 말하고 처음 시작 위치로 되돌아갑니다. 사과에 닿으면 '도착!'이라고 말하고 게임이 끝납니다.

오브젝트 배치하기

1 '오브젝트 추가하기 ▶ 새로 그리기 탭 ▶ 이동하기'를 선택한 뒤, 직선 그리기(✎)를 이용해 검은색 긴 선을 그립니다. '파일 ▶ 새 모양으로 저장'을 클릭해 그림을 저장하면 오브젝트로 활용할 수 있습니다.

▶ 오브젝트의 이름을 '1층'으로 바꿉니다.
▶ 화면을 보며 적절하게 위치와 크기를 조정합니다.

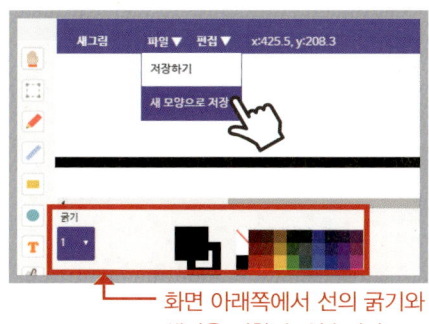

↳ 화면 아래쪽에서 선의 굵기와 색깔을 정할 수 있습니다.

2 오브젝트 목록에서 '1층'을 복제합니다.

▶ 오브젝트의 이름을 '2층'으로 바꿉니다.
▶ 화면을 보며 적절하게 위치와 크기를 조정합니다.

3 '오브젝트 추가하기 ▶ 새로 그리기 탭 ▶ 이동하기'를 선택한 뒤, 직선 그리기(✎)를 이용해 사다리를 그리고 오브젝트의 이름과 위치, 크기를 바꿔 줍니다.

▶ 오브젝트의 이름을 '사다리1'로 바꿉니다.
▶ 화면을 보며 적절하게 위치와 크기를 조정합니다.

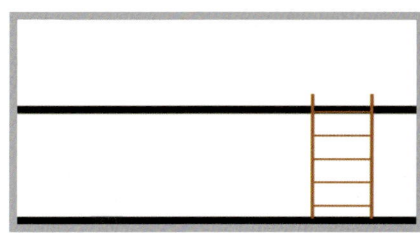

4 '오브젝트 추가하기 ▶ 환경 ▶ 기타 ▶ 바위 장애물'을 선택해 오브젝트를 추가하고, 오브젝트 목록에서 위치와 크기를 바꿉니다.

▶ 바위 장애물의 크기를 35로 바꾸고, 화면을 보며 적절하게 위치를 잡습니다.

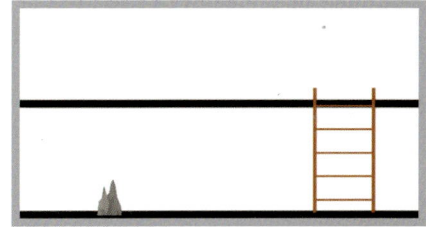

크기는 자신이 그린 그림에 따라 달라지니 화면을 보며 그림 위치와 크기 값을 적절히 바꿔 주세요.

5 '바위 장애물' 오브젝트를 복제한 뒤, 오브젝트 목록에서 위치와 크기를 바꿉니다.

▶ 바위 장애물1의 크기를 35로 바꾸고, 화면을 보며 적절하게 위치를 잡습니다.

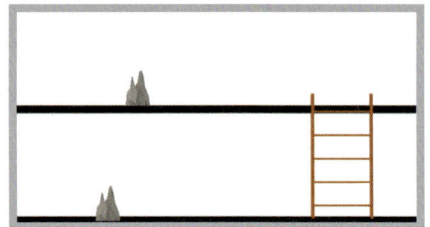

6 '오브젝트 추가하기▶물건▶기타▶센서'를 선택해 오브젝트를 추가하고, 오브젝트 목록에서 위치와 크기를 바꿉니다.

▶ 탐험가가 2층에 올라왔는지 확인하는 센서입니다.
▶ 센서의 크기를 50으로 바꾸고, 화면을 보며 적절하게 위치를 잡습니다.

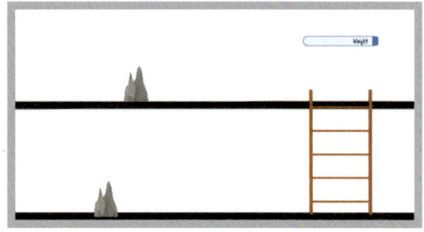

7 '오브젝트 추가하기▶판타지▶황금사과'를 선택해 오브젝트를 추가하고, 오브젝트 목록에서 위치와 크기를 바꿉니다.

▶ 황금사과의 크기를 50으로 바꾸고, 화면을 보며 적절하게 위치를 잡습니다.

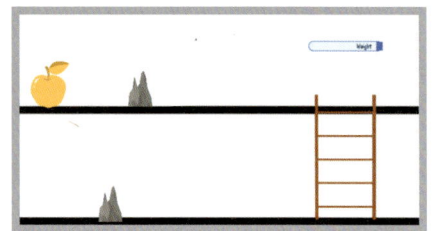

8 '오브젝트 추가하기▶동물▶땅▶거미'를 선택해 오브젝트를 추가하고, 오브젝트 목록에서 위치와 크기, 회전 방식을 바꿉니다.

▶ 거미의 크기를 60으로 바꾸고, 화면을 보며 적절하게 위치를 잡습니다.
▶ 회전 방식을 '좌우 회전'으로 바꿉니다.

9 '오브젝트 추가하기▶사람▶어린 탐험가'를 선택해 오브젝트를 추가하고, 오브젝트 목록에서 위치와 크기, 회전 방식을 바꿉니다.

▶ 어린 탐험가의 크기를 50으로 바꾸고, 화면을 보며 적절하게 위치를 잡습니다.
▶ 회전 방식을 '좌우 회전'으로 바꿉니다.

10 적절하게 배치되었는지 확인합니다.

난 거미를 2마리 배치해 볼까? 그럼 더 재미있을 것 같아.

Step1 만들기-①

어린 탐험가는 늘 같은 위치에서 시작하고, 키보드의 방향 키를 이용해 왼쪽과 오른쪽으로만 움직일 수 있습니다.

1 시작 블록꾸러미에서 `시작하기 버튼을 클릭했을 때` 를 끌어다 놓습니다.

2 생김새 블록꾸러미에서 `좌우 모양 뒤집기` 를 끌어다 연결합니다.
▶ 어린 탐험가가 왼쪽을 보고 있기 때문에 게임이 시작되면 오른쪽을 보게 하려는 것입니다.

3 움직임 블록꾸러미에서 `x: 0 y: 0 위치로 이동하기` 를 끌어다 연결하고, x좌표를 -210, y좌표를 -100으로 바꿉니다.
▶ 어린 탐험가가 항상 같은 위치에서 시작되게 위치를 정해 주는 것입니다.

4 시작 블록꾸러미에서 `q 키를 눌렀을 때` 를 끌어다 놓고, q 를 클릭해 실제 키보드의 '왼쪽 화살표' 키를 눌러 선택합니다.

5 움직임 블록꾸러미에서 `이동 방향을 90°(으)로 정하기` 를 끌어다 연결하고, 270°로 바꿉니다.

6 ↔움직임 블록꾸러미에서  를 끌어다 연결합니다.

7 『왼쪽 화살표 키를 눌렀을 때』의 코드를 복사한 뒤 『왼쪽 화살표』를 클릭해 실제 키보드의 '오른쪽 화살표' 키를 눌러 선택하고, 이동 방향을 90°로 바꿉니다.

이동 방향이 자꾸 헷갈리네. 그러니까 방향이 0°일 때 270°는 왼쪽, 90°는 오른쪽을 의미한다는 거지?

Step 1 만들기-②

어린 탐험가는 사다리를 만나면 위아래로 움직일 수 있습니다.

1 ▶시작 블록꾸러미에서 『q 키를 눌렀을 때』를 끌어다 놓고, q 를 클릭해 실제 키보드의 '위쪽 화살표' 키를 눌러 선택합니다.

2 ∧흐름 블록꾸러미에서 『만일 참 이라면』을 끌어다 연결합니다.

3 ▼판단 블록꾸러미에서 마우스포인터 에 닿았는가? 를 끌어다 참 부분에 끼워 넣고,
▼를 클릭해 '사다리1'을 선택합니다.
▶사다리1 오브젝트에 닿았을 때 안쪽의 명령어가 실행됩니다.

4 ⇄움직임 블록꾸러미에서 y좌표를 10 만큼 바꾸기 를 끌어다 조건 블록 안쪽에 연결합니다.

5 위쪽 화살표 키를 눌렀을 때 의 코드를 복사한 뒤 위쪽 화살표 를 클릭해 실제 키보드의 '아래쪽 화살표' 키를 눌러 선택하고, y좌표를 –10으로 바꿉니다.

Step 1 만들기-③

어린 탐험가가 1층에 있을 때, 사다리에 닿지 않은 상태에서는 계속 1층에 머무르게 됩니다.

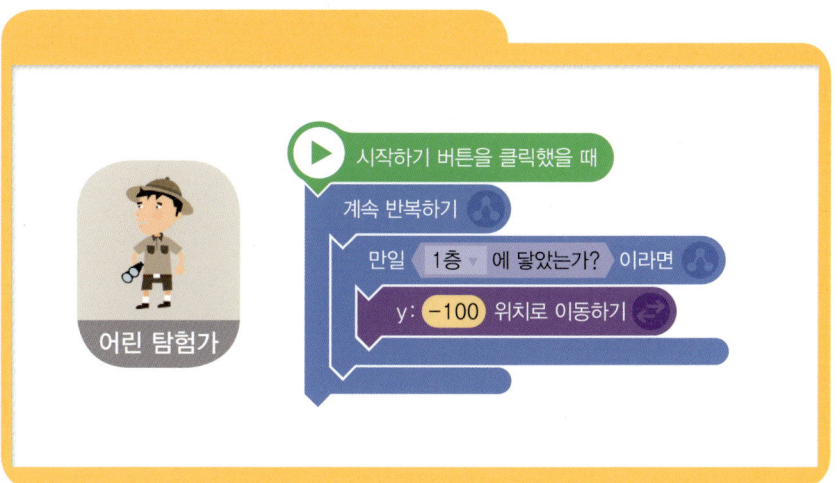

1 ▶시작 블록꾸러미에서 시작하기 버튼을 클릭했을 때 를 끌어다 놓습니다.

2 ∧흐름 블록꾸러미에서 계속 반복하기 를 끌어다 연결합니다.

3 ⋏흐름 블록꾸러미에서 `만일 참 이라면` 을 끌어다 반복 블록 안쪽에 연결합니다.

4 ✓판단 블록꾸러미에서 `마우스포인터 에 닿았는가?` 를 끌어다 `참` 부분에 끼워 넣고,
▼를 클릭해 '1층'을 선택합니다.
▶ 어린 탐험가가 1층에 닿았을 때 안쪽의 명령어가 실행됩니다.

5 ⇄움직임 블록꾸러미에서 `y: 10 위치로 이동하기` 를 끌어다 조건 블록 안쪽에 연결하고,
–100으로 바꿉니다.
▶ 어린 탐험가의 위치를 1층으로 정해 주는 것입니다.

Step 1 만들기-④

어린 탐험가가 2층 센서에 닿으면, 사다리에 닿은 상태가 아닌 경우라면
계속 2층에 머무르게 됩니다.

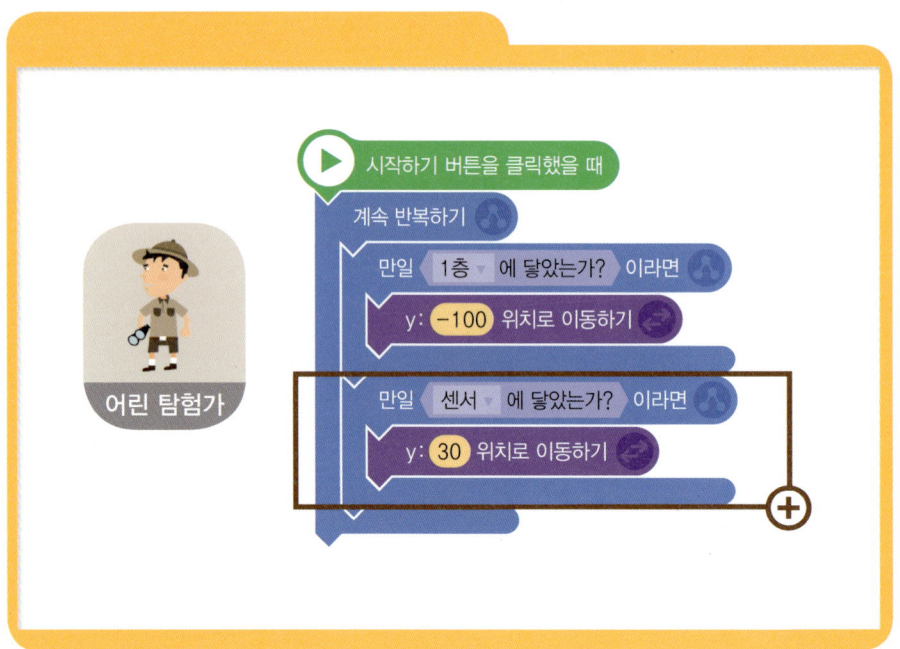

1 🔀 흐름 블록꾸러미에서 `만일 참 이라면` 을 끌어다 연결합니다.

▶좀 전에 조립한 조건 블록 안쪽에 넣지 않게 조심합니다.

2 ✅ 판단 블록꾸러미에서 `마우스포인터 에 닿았는가?` 를 끌어다 `참` 부분에 끼워 넣고, ▼를 클릭해 '센서'를 선택합니다.

▶어린 탐험가가 센서에 닿았을 때 안쪽의 명령어가 실행됩니다.

3 ↔움직임 블록꾸러미에서 `y: 10 위치로 이동하기` 를 끌어다 연결하고, 30으로 바꿉니다.

잠깐!

2층을 기준으로 잡지 않고 센서를 기준으로 잡은 이유는 `마우스포인터 에 닿았는가?` 블록의 경우 오브젝트의 어느 부분이든 닿기만 하면 바로 명령어를 실행하기 때문입니다. 만약 2층을 기준으로 잡으면 탐험가의 머리가 2층에 닿자마자 순간 이동하듯 2층으로 올라갈 것입니다. 그래서 사다리를 타고 2층에 완전히 올라갔을 때 탐험가의 머리가 닿을 위치에 센서를 따로 배치해 준 것입니다.

 Step2 만들기-①

스페이스 키를 누르면 어린 탐험가가 점프를 합니다. 점프 동작이 끝날 때까지는 아무리 스페이스 키를 눌러도 다시 점프하지 않습니다.

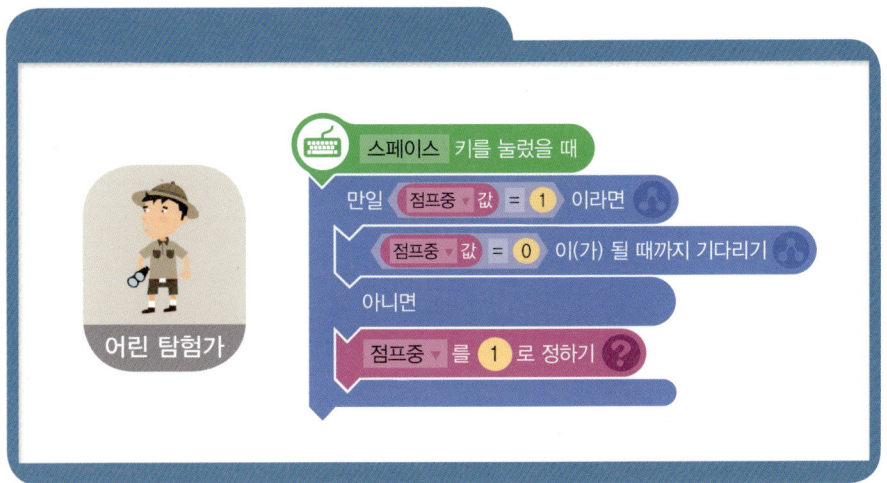

1 ▶시작 블록꾸러미에서 q 키를 눌렀을 때 를 끌어다 놓고,
q 를 클릭해 실제 키보드의 '스페이스' 키를 눌러 선택합니다.

2
속성 탭에서 '변수'를 선택하고
'변수 추가'를 클릭해, '점프중' 변수를
만듭니다.

3 ▲흐름 블록꾸러미에서 만일 참 이라면 / 아니면 을 끌어다 연결합니다.

4 ✓판단 블록꾸러미에서 10 = 10 을 끌어다 참 부분에 끼워 넣습니다.

5 ?자료 블록꾸러미에서 점프중 값 을 끌어다 앞쪽 10 부분에 끼워 넣고,
뒤쪽 10 은 1로 바꿉니다.

6 ▲흐름 블록꾸러미에서 참 이(가) 될 때까지 기다리기 를 끌어다 조건 블록 안쪽에
연결합니다.

7 위쪽의 점프중 값 = 1 을 복제해 참 부분에 끼워 넣고, 뒤쪽 1 은 0으로 바꿉니다.

8 ?자료 블록꾸러미에서 점프중 를 10 로 정하기 를 끌어다 '아니면' 뒤쪽에
연결하고, 1로 바꿉니다.

점프중 값은 뭘 의미해?

점프중 값이 1이라는 건 지금 점프를 하고 있다는 거고, 0이라는 건 점프를 하지 않고 있다는 거야.

Step2 만들기-②

어린 탐험가는 이동 방향으로 점프를 합니다.
점프할 때 호루라기 소리가 납니다.

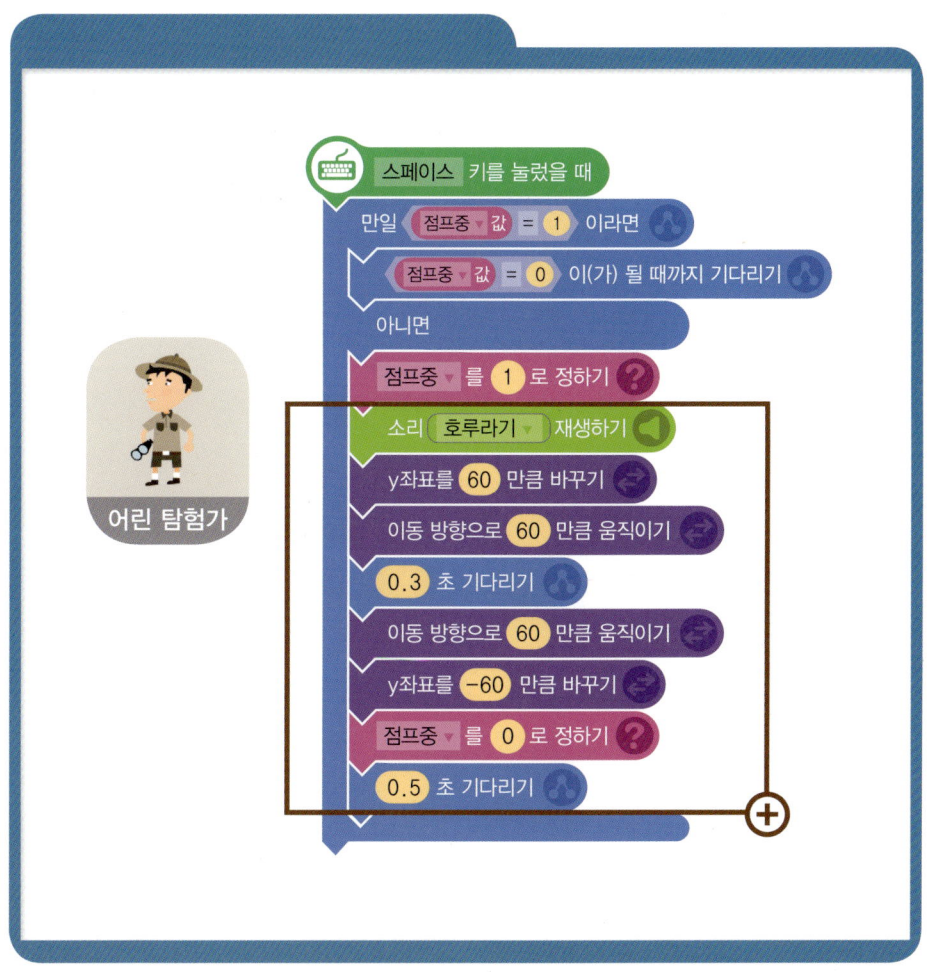

 소리 탭에서 '소리 추가'를 클릭하고, '호루라기' 소리를 선택해 적용합니다.

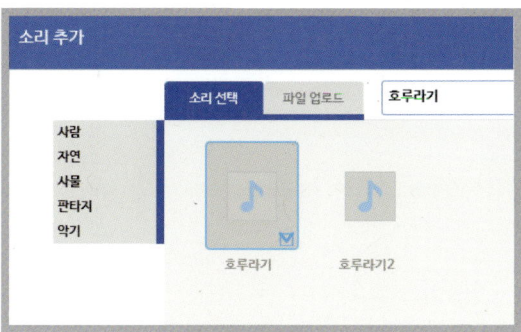

2 　🔊 소리 블록꾸러미에서 `소리 호루라기 재생하기` 를 끌어다 연결합니다.

▶ 어린 탐험가가 점프할 때마다 소리가 납니다.

3 　⇄ 움직임 블록꾸러미에서 `y좌표를 10 만큼 바꾸기` 를 끌어다 연결하고, 60으로 바꿉니다.

4 　⇄ 움직임 블록꾸러미에서 `이동 방향으로 10 만큼 움직이기` 를 끌어다 연결하고, 60으로 바꿉니다.

▶ 위로 60만큼 뛰면서 앞으로도 60만큼 이동하게 됩니다.

5 　⋏ 흐름 블록꾸러미에서 `2 초 기다리기` 를 끌어다 연결하고, 0.3초로 바꿉니다.

▶ 기다리기 블록을 사용하지 않으면 명령어들이 빠르게 실행되기 때문에 오브젝트의 움직임이 보이지 않습니다.

6 　⇄ 움직임 블록꾸러미에서 `이동 방향으로 10 만큼 움직이기` 를 끌어다 연결하고, 60으로 바꿉니다.

7 　⇄ 움직임 블록꾸러미에서 `y좌표를 10 만큼 바꾸기` 를 끌어다 연결하고, −60으로 바꿉니다.

▶ 위로 뛰어올랐으면 아래로 내려와야 하니, y좌표를 −60으로 바꿔 어린 탐험가가 점프했다가 내려오게 합니다.

잠깐!

게임에서 점프 동작은 자주 쓰이는 기술 중 하나지요. y좌표와 이동 값을 같이 바꿔 주면, 위로 뛰면서 앞으로 이동하게 되어 점프 동작을 자연스럽게 표현할 수 있습니다.

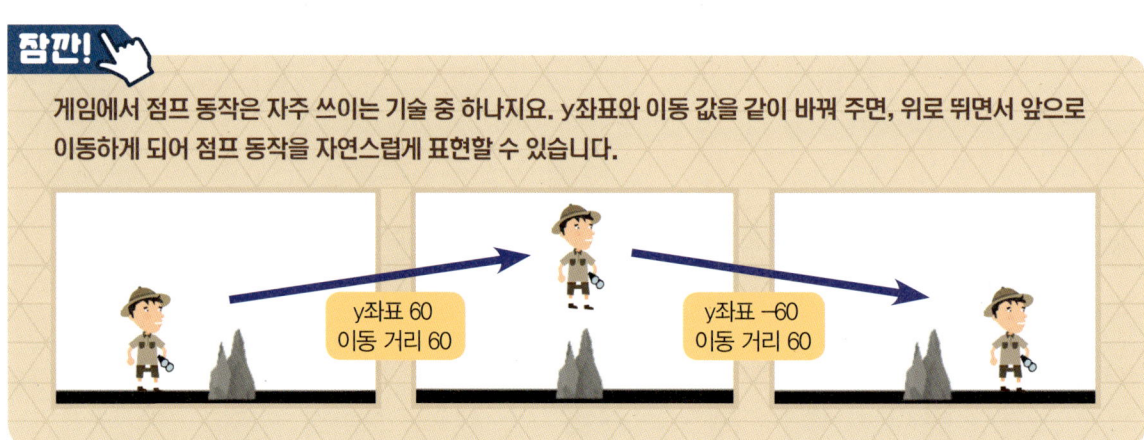

8 ❓ **자료** 블록꾸러미에서  를 끌어다 연결하고, 0으로 바꿉니다.

▶ 점프중이 0인 것은 점프가 끝났다는 것을 의미합니다.

9 ⚙ **흐름** 블록꾸러미에서 `2 초 기다리기` 를 끌어다 연결하고, 0.5초로 바꿉니다.

🖱 Step3 만들기

거미는 한곳에 가만히 있지 않고, 화면 끝에서 끝까지 1층을 계속 왔다 갔다 합니다.

1 🏁 **시작** 블록꾸러미에서 `시작하기 버튼을 클릭했을 때` 를 끌어다 놓습니다.

2 ⚙ **흐름** 블록꾸러미에서 `계속 반복하기` 를 끌어다 연결합니다.

▶ 거미는 게임이 끝날 때까지 계속 움직여야 하기 때문에 반복 블록을 사용합니다.

3 ↔ 움직임 블록꾸러미에서 `이동 방향으로 10 만큼 움직이기` 를 끌어다 연결하고, 20으로 바꿉니다.

4 흐름 블록꾸러미에서 `2 초 기다리기` 를 끌어다 연결하고, 0.5초로 바꿉니다.

5 ↔ 움직임 블록꾸러미에서 `화면 끝에 닿으면 튕기기` 를 끌어다 연결합니다.
  ▶ 거미가 한쪽 벽에 닿으면 이동 방향을 바꿔서 반대로 움직이도록 튕기기 블록을 사용합니다.

> **잠깐!**
> 처음 오브젝트를 배치할 때 거미와 어린 탐험가의 회전 방식을 좌우 회전으로 선택했죠?
> 이렇게 하지 않으면 몸이 뒤집히거나 이동 방향으로 몸을 돌리지 않아 동작이 어색해집니다.

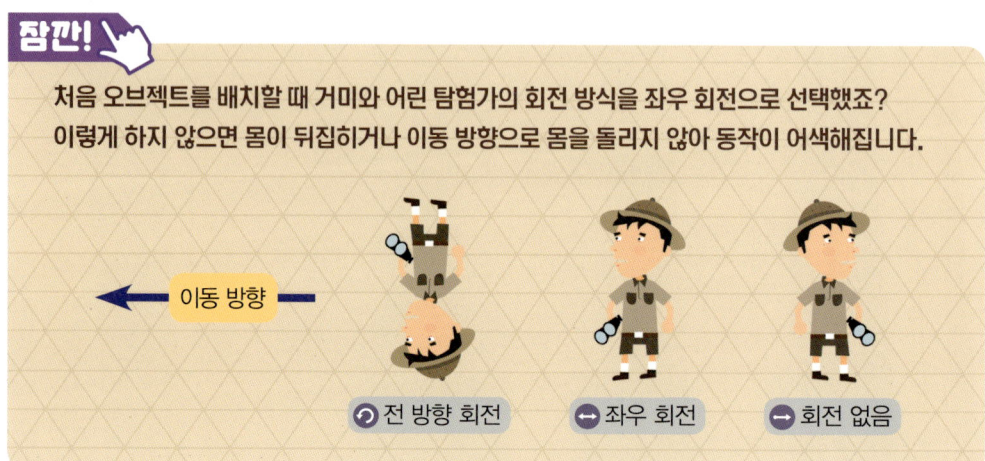

Step4 만들기-①

어린 탐험가가 거미에 닿으면 '실패다!'라고 말하고, 처음 위치로 돌아갑니다.

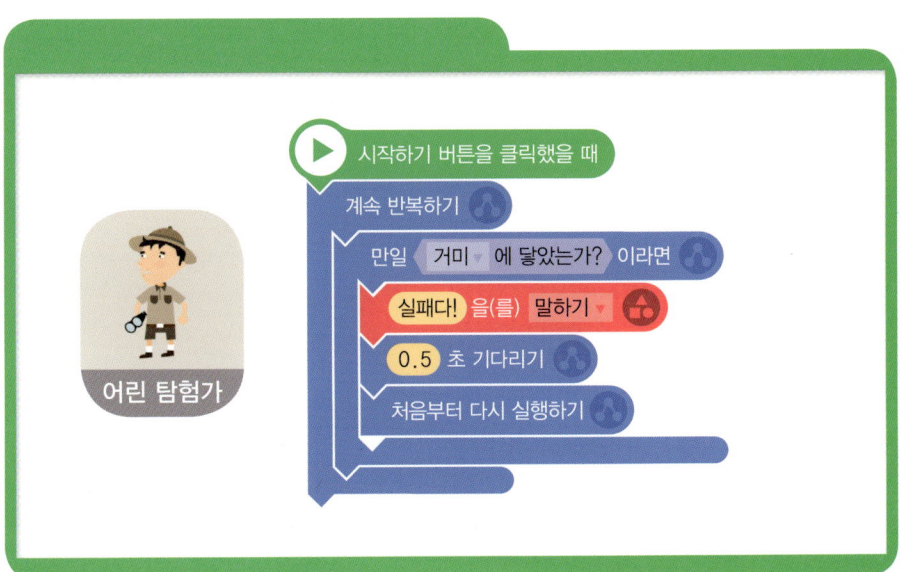

1. **시작** 블록꾸러미에서 `시작하기 버튼을 클릭했을 때` 를 끌어다 놓습니다.

2. **흐름** 블록꾸러미에서 `계속 반복하기` 를 끌어다 연결합니다.

3. **흐름** 블록꾸러미에서 `만일 참 이라면` 을 끌어다 반복 블록 안쪽에 연결합니다.

4. **판단** 블록꾸러미에서 `마우스포인터 에 닿았는가?` 를 끌어다 `참` 부분에 끼워 넣고, ▼ 를 클릭해 '거미'를 선택합니다.

5. **생김새** 블록꾸러미에서 `안녕! 을(를) 말하기` 를 끌어다 조건 블록 안쪽에 연결하고, '실패다!'로 바꿉니다.

6. **흐름** 블록꾸러미에서 `2 초 기다리기` 를 끌어다 연결하고, 0.5초로 바꿉니다.

7. **흐름** 블록꾸러미에서 `처음부터 다시 실행하기` 를 끌어다 연결합니다.

Step4 만들기-②

어린 탐험가가 바위 장애물과 바위 장애물1에 닿으면 '실패다!'라고 말하고, 처음 위치로 돌아갑니다.

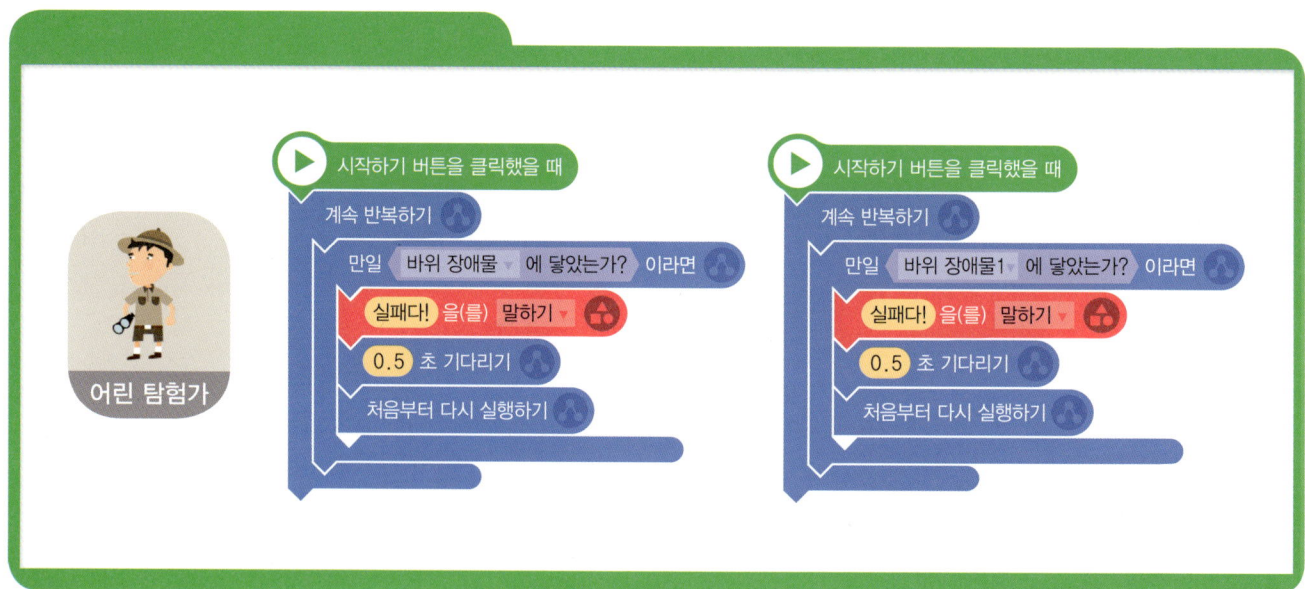

1 앞에서 만든 거미에 닿았을 때의 코드를 복사해 2번 붙여 넣습니다.

▶ 거미에 닿았을 때와 바위 장애물, 바위 장애물1에 닿았을 때의 코드는 같습니다.

2 조건 블록에서 ▼를 클릭해 '거미'를 '바위 장애물'과 '바위 장애물1'로 바꿔 줍니다.

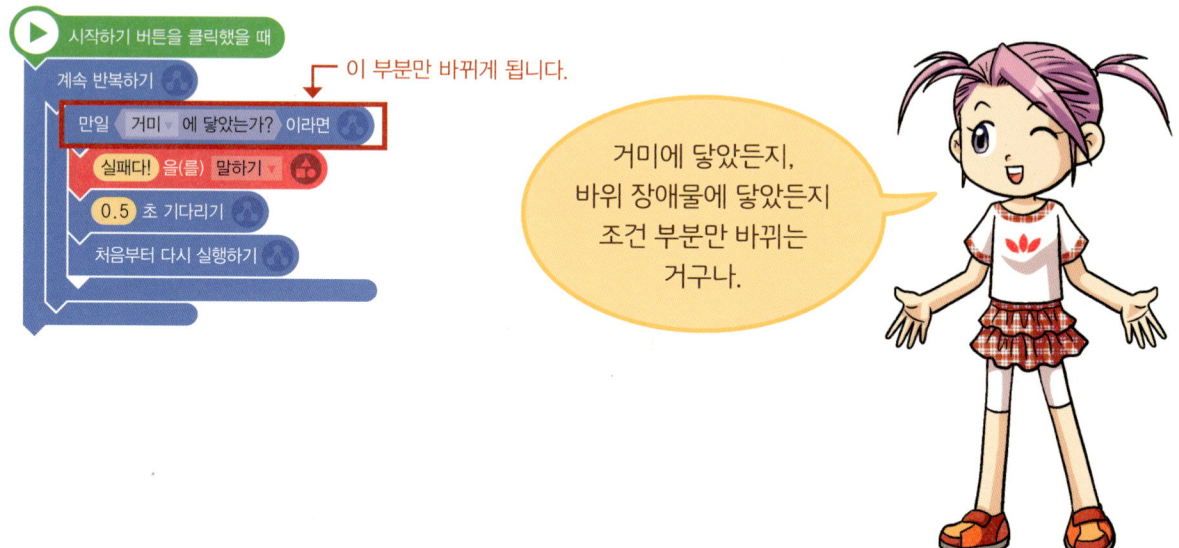

Step4 만들기-③

어린 탐험가가 사과에 닿으면 '도착!'이라고 말하고, 화면이 멈추며 게임이 끝납니다.

1. 🏁 **시작** 블록꾸러미에서 `시작하기 버튼을 클릭했을 때` 를 끌어다 놓습니다.

2. **흐름** 블록꾸러미에서 `계속 반복하기` 를 끌어다 연결합니다.

3. **흐름** 블록꾸러미에서 `만일 참 이라면` 을 끌어다 반복 블록 안쪽에 연결합니다.

4. ✓ **판단** 블록꾸러미에서 `마우스포인터에 닿았는가?` 를 끌어다 `참` 부분에 끼워 넣고, ▼를 클릭해 '황금사과'를 선택합니다.

5. **생김새** 블록꾸러미에서 `안녕! 을(를) 4 초 동안 말하기` 를 끌어다 조건 블록 안쪽에 연결하고, '도착'과 2초로 바꿉니다.

6. **흐름** 블록꾸러미에서 `모든 코드 멈추기` 를 끌어다 연결합니다.
   ▶ '~키를 눌렀을 때'를 제외한 모든 코드가 멈춥니다. 어린 탐험가만 움직일 수 있고 다른 명령어는 듣지 않습니다.

전체 코드 확인하기

블록이 잘 조립되었는지 확인하고, 시작하기 버튼을 눌러 실행해 봅시다.

어린 탐험가

시작하기 버튼을 클릭했을 때
계속 반복하기
만일 〈1층〉에 닿았는가? 이라면
　y: -100 위치로 이동하기
만일 〈센서〉에 닿았는가? 이라면
　y: 30 위치로 이동하기

시작하기 버튼을 클릭했을 때
좌우 모양 뒤집기
x: -210 y: -100 위치로 이동하기

오른쪽 화살표 키를 눌렀을 때
이동 방향을 90°(으)로 정하기
이동 방향으로 10 만큼 움직이기

스페이스 키를 눌렀을 때
만일 〈점프중 값〉 = 1 이라면
　〈점프중 값〉 = 0 이(가) 될 때까지 기다리기
아니면
　점프중을 1 로 정하기
　소리 〈호루라기〉 재생하기
　y좌표를 60 만큼 바꾸기
　이동 방향으로 60 만큼 움직이기
　0.3 초 기다리기
　이동 방향으로 60 만큼 움직이기
　y좌표를 -60 만큼 바꾸기
　점프중을 0 로 정하기
　0.5 초 기다리기

왼쪽 화살표 키를 눌렀을 때
이동 방향을 270°(으)로 정하기
이동 방향으로 10 만큼 움직이기

위쪽 화살표 키를 눌렀을 때
만일 〈사다리1〉에 닿았는가? 이라면
　y좌표를 10 만큼 바꾸기

아래쪽 화살표 키를 눌렀을 때
만일 〈사다리1〉에 닿았는가? 이라면
　y좌표를 -10 만큼 바꾸기

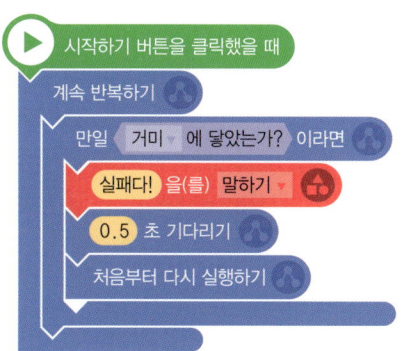
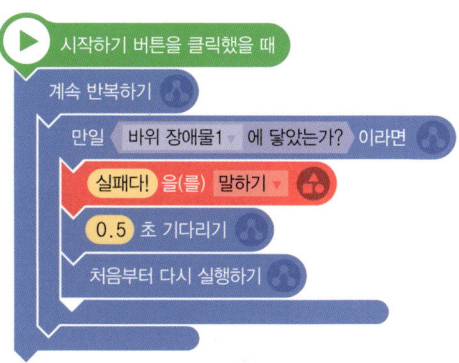

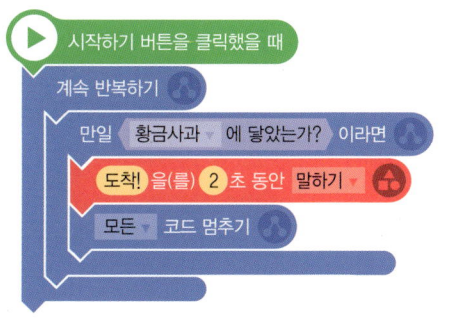

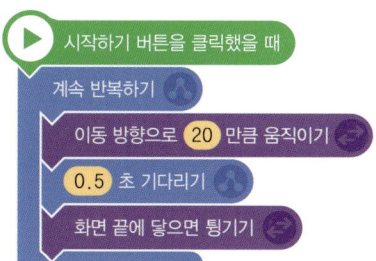

반복 블록은 게임을 만들 때 매우 중요합니다. 사과 찾기 게임처럼 닿았는지 아닌지 계속 상황을 확인해야 하는 종류의 게임은 반복 블록을 사용하지 않으면 명령어가 한 번만 실행되어 게임이 불가능합니다.

코딩 Level Up!

바위 장애물과 거미를 피해 황금사과 찾기에 성공했나요? 이 게임은 층을 높이거나 거미의 속도를 올려 난이도를 높일 수 있습니다. 그럼, 더 스릴 넘치는 게임을 즐길 수 있게 난이도를 좀 더 높여 볼까요?

 한 층을 더 만들어 황금사과를 3층에 두고, 거미와 사다리를 하나씩 추가해 보세요.

 층, 장애물, 사다리, 센서의 위치 등을 어떻게 수정하면 좋을지 먼저 간단하게 그려 본 뒤 코딩하면 좋습니다.

 미션을 해결했다면, 이제 당신의 기사는 '활'과 '화살' 아이템을 얻었습니다.

정답은 143쪽에서 확인해 보세요!

8장
두더지 잡기 게임

엔트리만 있으면 어떤 게임이든 내가 원하는 대로 척척 만들어 낼 수 있지요.
점수가 나오는 두더지 게임은 어떻게 만들면 좋을까요?

완성 작품 구성 미리보기

다음 주소 `https://goo.gl/Ekk3iH` 로 들어가면 완성 작품이 있습니다. 작품명은 '게임_08장'으로, 엔트리 사이트 공유하기에서 'whycoding3'을 검색해도 작품을 볼 수 있습니다.

미리보기 QR코드로도 작품을 볼 수 있어요.

*이 작품은 3개의 장면으로 구성되어 있습니다.

Step 1 게임이 시작되면 간단한 게임 설명이 화면에 나옵니다. '게임시작'을 클릭하면 게임 화면으로 넘어갑니다.

Step 2 게임이 시작되면 초시계가 흐르기 시작하고, 뽕망치는 마우스를 따라 움직입니다. 클릭하면 뽕망치가 기울었다 되돌아옵니다.

Step 3 3개의 구멍에서 두더지가 무작위로 나타납니다. 뽕망치로 때리면 트림 소리를 내면서 모양을 바꾸고 사라집니다.

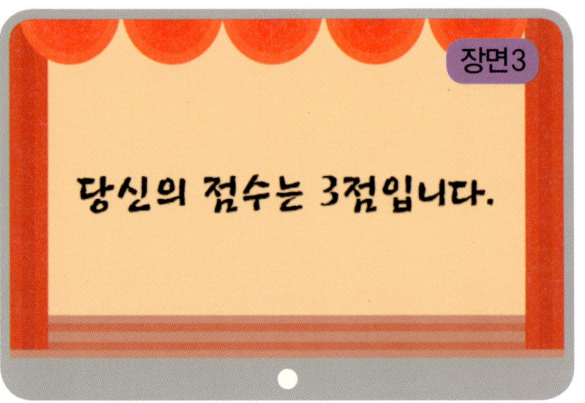

Step 4 게임이 시작되고 30초가 지나면, 장면이 바뀌면서 자신이 얻은 점수가 화면에 나타나고 게임이 끝납니다.

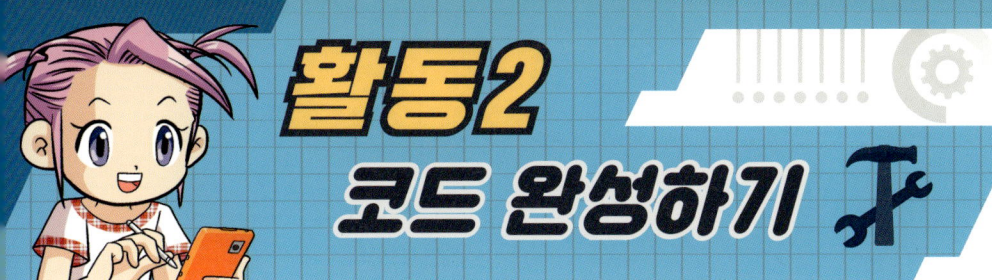

장면1 오브젝트 배치하기

1 '오브젝트 추가하기▶ 글상자 탭'을 선택하고, '+1점, −1점, 잡았다'를 글상자 칸에 쓰고 적용합니다. 오브젝트 목록에서 글상자의 이름과 위치, 크기를 바꿉니다.

▶ 배경색을 투명으로 선택합니다.
▶ 글자 사이를 충분히 띄워 줍니다.
▶ 글상자의 이름을 '게임설명'으로 바꿉니다.
▶ 글상자의 Y좌표를 −65, 크기를 220으로 바꿉니다.

2 '오브젝트 추가하기▶ 글상자 탭'을 선택한 뒤, '게임시작'을 글상자 칸에 쓰고 적용합니다. 오브젝트 목록에서 글상자의 이름과 위치, 크기를 바꿉니다.

▶ 배경색을 투명으로 선택합니다.
▶ 글상자의 이름을 '게임시작'으로 바꿉니다.
▶ 글상자의 Y좌표를 110, 크기를 70으로 바꿉니다.

3 '오브젝트 추가하기▶동물▶땅▶두더지'를 선택해 오브젝트를 추가하고, 오브젝트 목록에서 이름을 바꿉니다.

▶ 두더지의 이름을 '−1점 두더지'로 바꿉니다.

4 오브젝트 목록에서 '−1점 두더지'를 복제해 '−1점 두더지1' 오브젝트를 만들고, 모양과 이름, 위치를 바꿉니다.

▶ 모양 탭에서 '두더지_2' 모양을 선택합니다.
▶ −1점 두더지1의 이름을 '1점 두더지'로 바꿉니다.
▶ 1점 두더지의 X좌표를 −160으로 바꿉니다.

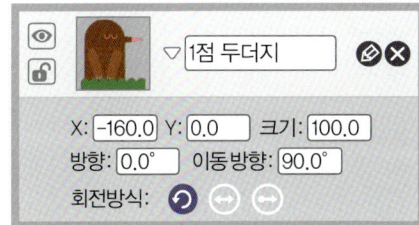

5 오브젝트 목록에서 '1점 두더지'를 복제해 '1점 두더지1' 오브젝트를 만들고, 모양과 이름, 위치를 바꿉니다.

▶ 모양 탭에서 '두더지_3' 모양을 선택합니다.
▶ 1점 두더지1의 이름을 '잡힌 두더지'로 바꿉니다.
▶ 잡힌 두더지의 X좌표를 160으로 바꿉니다.

Step 1 만들기

게임이 막 시작되었을 때는 초시계가 보이지 않습니다.
'게임시작' 버튼을 클릭하면, 다음 장면으로 넘어갑니다.

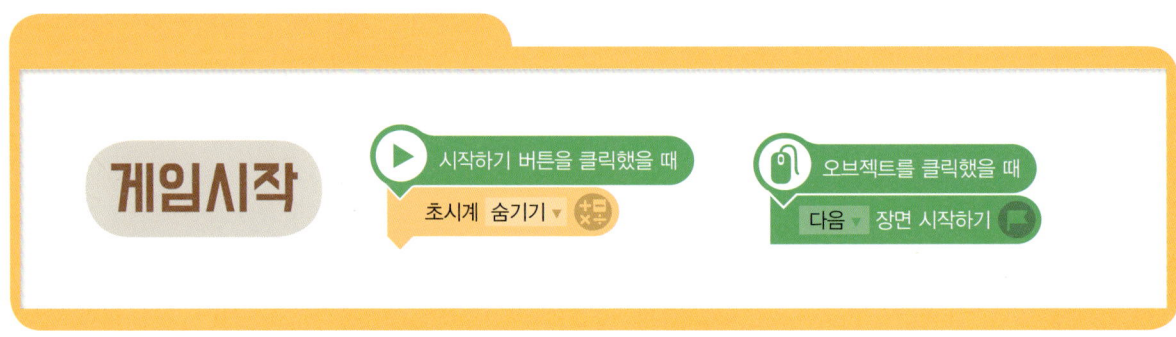

1. ▶시작 블록꾸러미에서 `시작하기 버튼을 클릭했을 때` 를 끌어다 놓습니다.
2. 계산 블록꾸러미에서 `초시계 숨기기` 를 끌어다 연결합니다.
3. ▶시작 블록꾸러미에서 `오브젝트를 클릭했을 때` 를 끌어다 놓습니다.
4. ▶시작 블록꾸러미에서 `다음 장면 시작하기` 를 끌어다 연결합니다.
▶ 설명을 확인한 뒤, '게임시작' 버튼을 누르면 다음 장면으로 넘어갑니다.

장면2 오브젝트 배치하기

1. 장면1의 이름을 '게임소개'로 바꾸고, 장면 추가 버튼을 눌러 '장면2'를 만듭니다.

2 '오브젝트 추가하기▶배경▶자연▶잔디밭'을 선택해 배경을 만듭니다.

3 '오브젝트 추가하기▶동물▶땅▶두더지'를 선택해 오브젝트를 추가하고, 오브젝트 목록에서 모양과 이름, 위치, 크기를 바꿉니다.

▶ 모양 탭에서 '두더지_3' 모양을 선택합니다.
▶ 두더지의 이름을 '두더지1'로 바꿉니다.
▶ 두더지1의 X좌표를 −160, 크기를 80으로 바꿉니다.

4 '오브젝트 추가하기▶물건▶기타▶뽕망치'를 선택해 오브젝트를 추가하고, 오브젝트 목록에서 위치와 크기를 바꿉니다.

▶ 뽕망치의 X좌표를 −35, Y좌표를 22, 크기를 70으로 바꿉니다.

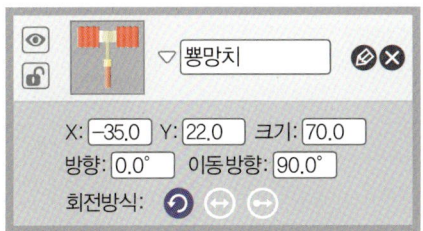

5 적절하게 배치되었는지 확인합니다.

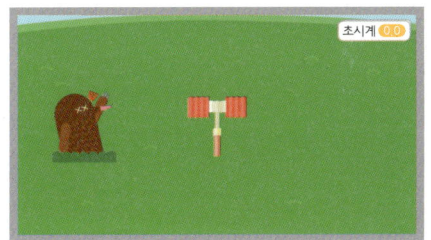

어? 근데 왜 두더지를 한 마리만 배치해? 두더지는 모두 3마리여야 하잖아.

그건 앞으로 코딩하는 과정을 보면 알 수 있어. 조금만 기다려 봐.

Step2 만들기-①

장면이 시작되면 초시계가 보이고, 0초에서부터 시간이 흐르기 시작합니다.

1 시작 블록꾸러미에서 `장면이 시작되었을 때` 를 끌어다 놓습니다.

2 계산 블록꾸러미에서 `초시계 시작하기` 를 끌어다 연결하고, ▼를 클릭해 '초기화하기'를 선택합니다.

▶ 장면이 시작되었을 때 초시계가 시작되도록 초시계의 처음 값을 0으로 맞춰 주는 것입니다.

3 계산 블록꾸러미에서 `초시계 시작하기` 를 끌어다 연결합니다.

▶ 초시계를 초기화했다고 초시계가 바로 실행되는 것은 아닙니다. 초시계가 시작하도록 블록을 조립해 주어야 합니다.

4 계산 블록꾸러미에서 `초시계 숨기기` 를 끌어다 연결하고, ▼를 클릭해 '보이기'를 선택합니다.

▶ 첫 장면에서 초시계를 보이지 않게 숨겼기 때문에 여기서는 초시계를 보이게 해 줘야 합니다.

초시계는 따로 오브젝트가 없기 때문에 배경이나 뽕망치 어디에든 명령어를 넣어도 됩니다. 여기서는 뽕망치에 넣었습니다.

Step2 만들기-②

뿅망치는 마우스를 따라서 움직입니다.

1 ▶시작 블록꾸러미에서 `장면이 시작되었을 때` 를 끌어다 놓습니다.

2 속성 탭에서 '변수'를 선택하고 '변수 추가'를 클릭해, '점수' 변수를 만듭니다.

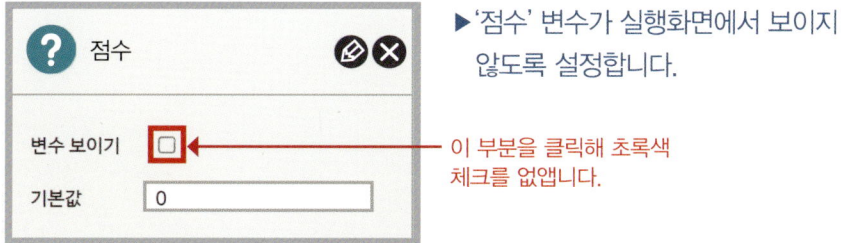

▶ '점수' 변수가 실행화면에서 보이지 않도록 설정합니다.

이 부분을 클릭해 초록색 체크를 없앱니다.

3 ? 자료 블록꾸러미에서 `점수를 10로 정하기` 를 끌어다 연결하고, 0으로 바꿉니다.

4 ↔움직임 블록꾸러미에서 `방향을 90°(으)로 정하기` 를 끌어다 연결하고, 315°로 바꿉니다.

▶뿅망치의 머리가 위치하는 기본 방향을 정해 주는 것입니다.

5 ⋀흐름 블록꾸러미에서 `계속 반복하기` 를 끌어다 연결합니다.

6 ↔움직임 블록꾸러미에서 `뿅망치 위치로 이동하기` 를 끌어다 반복 블록 안쪽에 연결하고, ▼를 클릭해 '마우스포인터'를 선택합니다.

Step2 만들기-③

마우스를 클릭하면, 뽕망치의 머리가 기울었다가 다시 원래대로 돌아옵니다.

1 ▶시작 블록꾸러미에서 `마우스를 클릭했을 때` 를 끌어다 놓습니다.

2 `속성` 탭에서 '신호'를 선택하고 '신호 추가'를 클릭해, '뽕' 신호를 만듭니다.

3 ▶시작 블록꾸러미에서 `뽕 신호 보내기` 를 끌어다 연결합니다.

▶마우스를 클릭하면 다른 오브젝트에게 '뽕' 신호를 보냅니다.

4 뽕망치의 중심점을 뽕망치의 앞머리로 옮겨 줍니다.

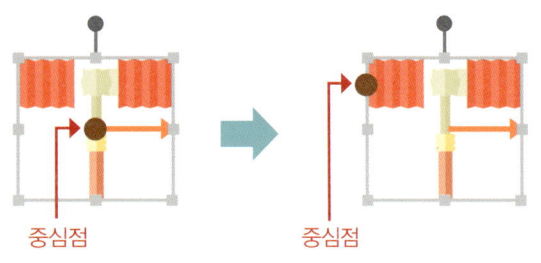

중심점을 옮기지 않으면, 뽕망치의 손잡이 부분에 중심점이 있어서 뽕망치 머리가 아니라 손잡이가 두더지 머리를 때리게 됩니다.

5 ↔ **움직임** 블록꾸러미에서 `방향을 90°(으)로 정하기` 를 끌어다 연결하고, 270°로 바꿉니다.

▶ 뽕망치의 앞머리를 축으로 뽕망치가 기울어집니다.

6 ⋀ **흐름** 블록꾸러미에서 `2초 기다리기` 를 끌어다 연결하고, 0.2초로 바꿉니다.

▶ 사이에 약간이라도 시간을 넣어야 움직임이 보입니다.

7 ↔ **움직임** 블록꾸러미에서 `방향을 90°(으)로 정하기` 를 끌어다 연결하고, 315°로 바꿉니다.

 만들기-①

게임이 시작되면 빈 구멍만 보입니다.

1 ▶ **시작** 블록꾸러미에서 `장면이 시작되었을 때` 를 끌어다 놓습니다.

2 속성 탭에서 '변수'를 선택하고 '변수 추가'를 클릭해, '두더지1' 변수를 만듭니다.

▶ 두더지1 변수를 이용해 두더지의 모양을 상황에 따라 다르게 나타낼 수 있습니다.
▶ '두더지1' 변수가 실행화면에서 보이지 않도록 설정합니다.

이 부분을 클릭해 초록색 체크를 없앱니다.

3 ? 자료 블록꾸러미에서 `두더지1 를 10 로 정하기` 를 끌어다 연결하고, 0으로 바꿉니다.

4 생김새 블록꾸러미에서 `두더지_1 모양으로 바꾸기` 를 끌어다 연결하고, ▼를 클릭해 '두더지_5'를 선택합니다.

▶ 처음에는 두더지가 보이면 안 되기 때문에 두더지가 안 보이는 '두더지_5' 모양을 선택합니다.

잠깐!

오브젝트를 선택하고 모양 탭에 들어가 보면 각 오브젝트의 다양한 모양을 확인할 수 있습니다.
두더지 오브젝트의 경우, 구멍만 있는 것부터 머리만 살짝 보이는 것, 안경 쓴 두더지까지 총 5가지의 모양이 있습니다.

두더지가 멍해 보이는 게 꼭 꼼지 같네, 히히!

Step3 만들기-②

2가지 모양의 두더지가 머리를 내밉니다.

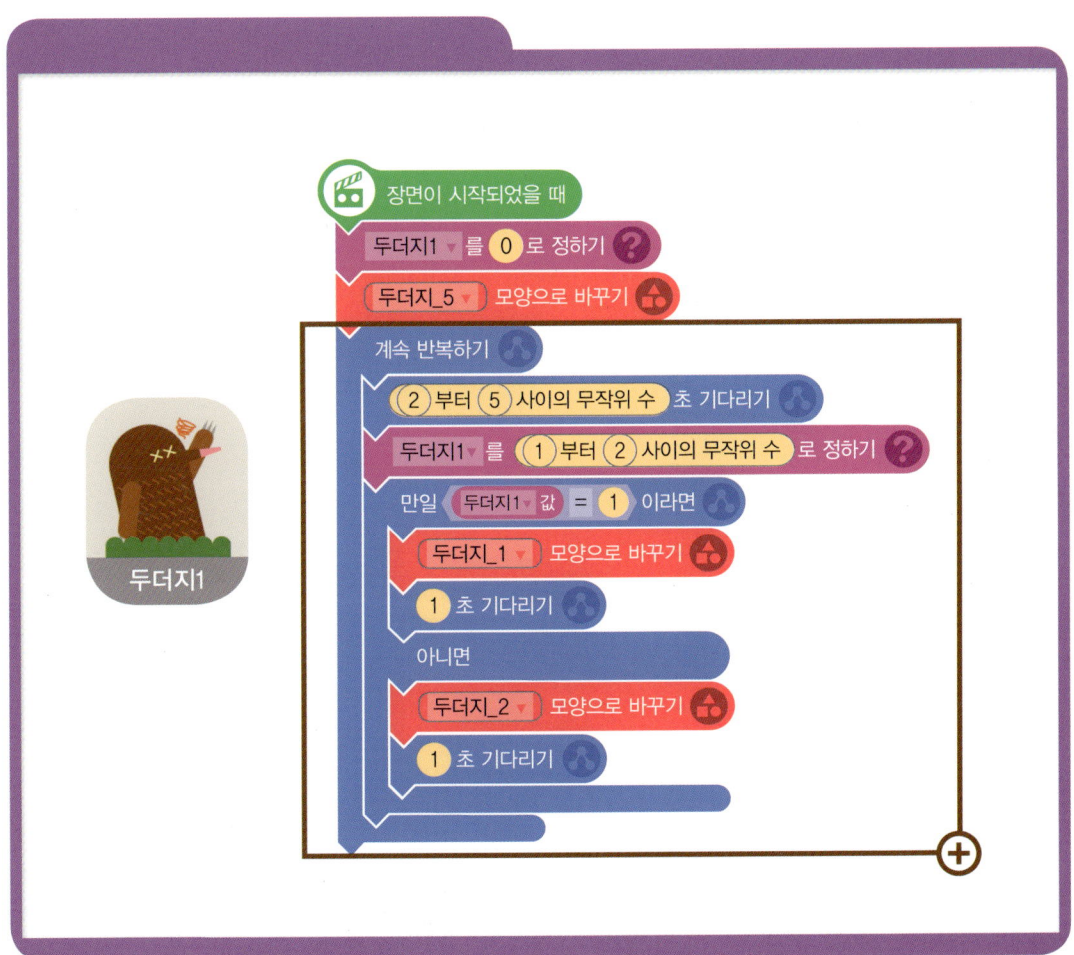

1 흐름 블록꾸러미에서 계속 반복하기 를 끌어다 연결합니다.

▶두더지가 한 번만 나타나는 것이 아니라 게임이 끝날 때까지 계속 나타나야 하므로 계속 반복하기 블록을 사용합니다.

2 흐름 블록꾸러미에서 2초 기다리기 를 끌어다 연결합니다.

▶두더지가 바로 나타나면 안 되기 때문에 기다리기 블록을 사용합니다.

3 📊 **계산** 블록꾸러미에서 ⓪ 부터 ⑩ 사이의 무작위 수 를 끌어다 ② 부분에 끼워 넣고, 각각의 값을 2와 5로 바꿔 줍니다.

▶두더지가 나오는 시간이 늘 같으면 게임이 재미없기 때문에 나오는 시간을 무작위 수로 합니다.

4 ❓ **자료** 블록꾸러미에서 〈두더지1 ▾ 를 ⑩ 로 정하기❓〉 를 끌어다 연결합니다.

5 📊 **계산** 블록꾸러미에서 ⓪ 부터 ⑩ 사이의 무작위 수 를 끌어다 ⑩ 부분에 끼워 넣고, 각각의 값을 1과 2로 바꿔 줍니다.

▶두더지는 '1점 두더지'와 '–1점 두더지' 이렇게 2가지 모양이 나오기 때문에, 둘 중 어떤 것이든 나올 수 있게 무작위 수로 정해 줍니다.

6 🔀 **흐름** 블록꾸러미에서 〈만일 참 이라면 / 아니면〉 을 끌어다 반복 블록 안쪽에 연결합니다.

7 ✓ **판단** 블록꾸러미에서 〈⑩ = ⑩〉 을 끌어다 참 부분에 끼워 넣고, 뒤쪽 ⑩ 을 1로 바꿉니다.

8 ❓ **자료** 블록꾸러미에서 〈두더지1 ▾ 값〉 을 끌어다 앞쪽 ⑩ 부분에 끼워 넣습니다.

9 🎨 **생김새** 블록꾸러미에서 〈두더지_1 ▾ 모양으로 바꾸기〉 를 끌어다 연결합니다.

▶두더지1의 값이 1이면, '두더지_1' 모양으로 바뀌게 됩니다.

10 🔀 **흐름** 블록꾸러미에서 〈② 초 기다리기〉 를 끌어다 연결하고, 1초로 바꿉니다.

11 🎨 **생김새** 블록꾸러미에서 〈두더지_1 ▾ 모양으로 바꾸기〉 를 끌어다 '아니면' 뒤쪽에 연결하고, ▾를 클릭해 '두더지_2'를 선택합니다.

▶두더지1의 값이 1이 아니면, '두더지_2' 모양으로 바뀌게 됩니다.

12 🔀 **흐름** 블록꾸러미에서 〈② 초 기다리기〉 를 끌어다 연결하고, 1초로 바꿉니다.

Step3 만들기-③

머리를 내밀었던 두더지가 땅속으로 다시 들어갑니다.

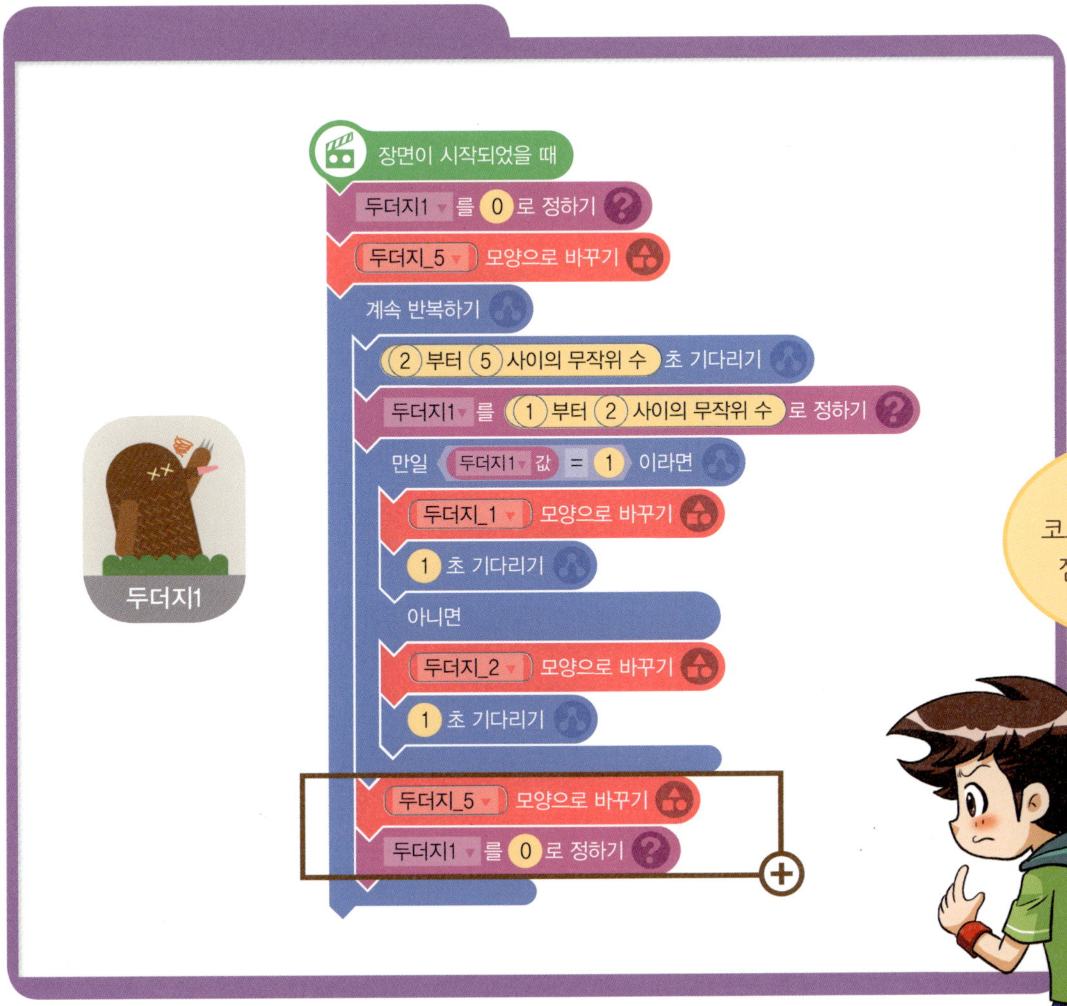

[코드 블록 이미지]

장면이 시작되었을 때
두더지1 를 0 로 정하기
두더지_5 모양으로 바꾸기
계속 반복하기
　2 부터 5 사이의 무작위 수 초 기다리기
　두더지1 를 1 부터 2 사이의 무작위 수 로 정하기
　만일 두더지1 값 = 1 이라면
　　두더지_1 모양으로 바꾸기
　　1 초 기다리기
　아니면
　　두더지_2 모양으로 바꾸기
　　1 초 기다리기
　두더지_5 모양으로 바꾸기
　두더지1 를 0 로 정하기

(두더지1)

💬 윽, 코드가 길어지니까 점점 더 헷갈려!

1 🔺생김새 블록꾸러미에서 [두더지_1 모양으로 바꾸기] 를 끌어다 조건 블록 바깥쪽에 연결하고, ▼를 클릭해 '두더지_5'를 선택합니다.

2 ❓자료 블록꾸러미에서 [두더지1 를 10 로 정하기] 를 끌어다 연결하고, 0으로 바꿉니다.

▶ 다시 처음 상태로 돌아가도록 0으로 정해 준 것입니다.

 **Step3 만들기-④**

뽕망치에 맞으면 두더지가 모양을 바꿉니다.

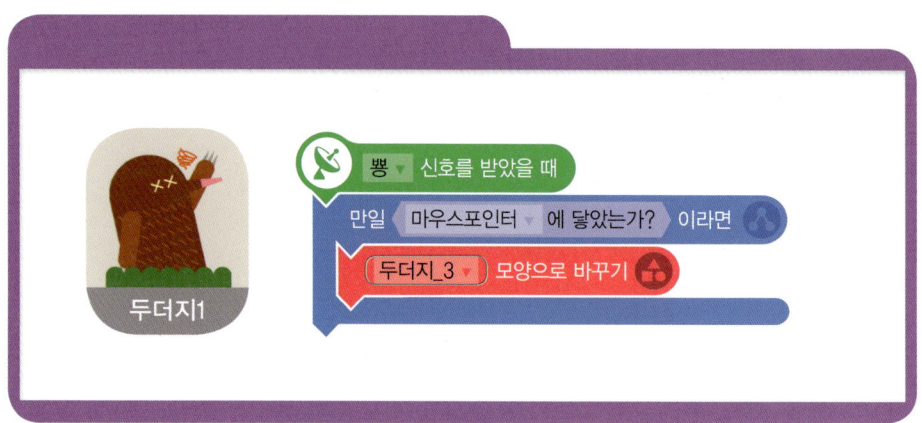

1 ▶️시작 블록꾸러미에서 [뽕 신호를 받았을 때] 를 끌어다 놓습니다.

2 ▲흐름 블록꾸러미에서 [만일 참 이라면] 을 끌어다 반복 블록 안쪽에 연결합니다.

3 ✓판단 블록꾸러미에서 [마우스포인터에 닿았는가?] 를 끌어다 참 부분에 끼워 넣습니다.

▶마우스포인터에 닿았을 때 아래의 명령어가 실행됩니다.

4 ▲생김새 블록꾸러미에서 [두더지_1 모양으로 바꾸기] 를 끌어다 연결하고,
▼를 클릭해 '두더지_3'을 선택합니다.

▶마우스포인터에 닿으면 잡힌 두더지인 '두더지_3' 모양으로 바뀝니다.

마우스를 클릭하면
뽕망치가 두더지 머리를 때리고,
뽕 신호가 가게 됩니다. 앞에서
마우스를 클릭하면 뽕 신호를
보내도록 코딩한 것
기억나지요?

Step3 만들기-⑤

'-1점 두더지'를 때리면, '놀라는소리'가 나면서 점수가 1점 줄어듭니다.

1 흐름 블록꾸러미에서 `만일 참 이라면` 을 끌어다 반복 블록 안쪽에 연결합니다.

2 판단 블록꾸러미에서 `10 = 10` 을 끌어다 `참` 부분에 끼워 넣고, 뒤쪽 `10` 을 1로 바꿉니다.

3 자료 블록꾸러미에서 `두더지1 값` 을 끌어다 앞쪽 `10` 부분에 끼워 넣습니다.

▶뽕 신호를 받은 상태에서 마우스포인터에 두더지1이 닿아 있고 변수 '두더지1'의 값이 1이라면, 아래의 명령어가 실행됩니다. 하나라도 안 맞으면 실행되지 않습니다.

4 소리 탭에서 '소리 추가'를 클릭하고, '놀라는소리'를 선택해 적용합니다.

5 소리 블록꾸러미에서 `소리 놀라는소리 재생하기` 를 끌어다 연결합니다.

6 자료 블록꾸러미에서 `두더지1 에 10 만큼 더하기` 를 끌어다 연결하고, ▼를 클릭해 '점수'를 선택합니다. `10` 은 –1로 바꿉니다.

Step3 만들기-⑥

'1점 두더지'를 때리면, '트림 소리'가 나면서 점수가 1점 늘어납니다.

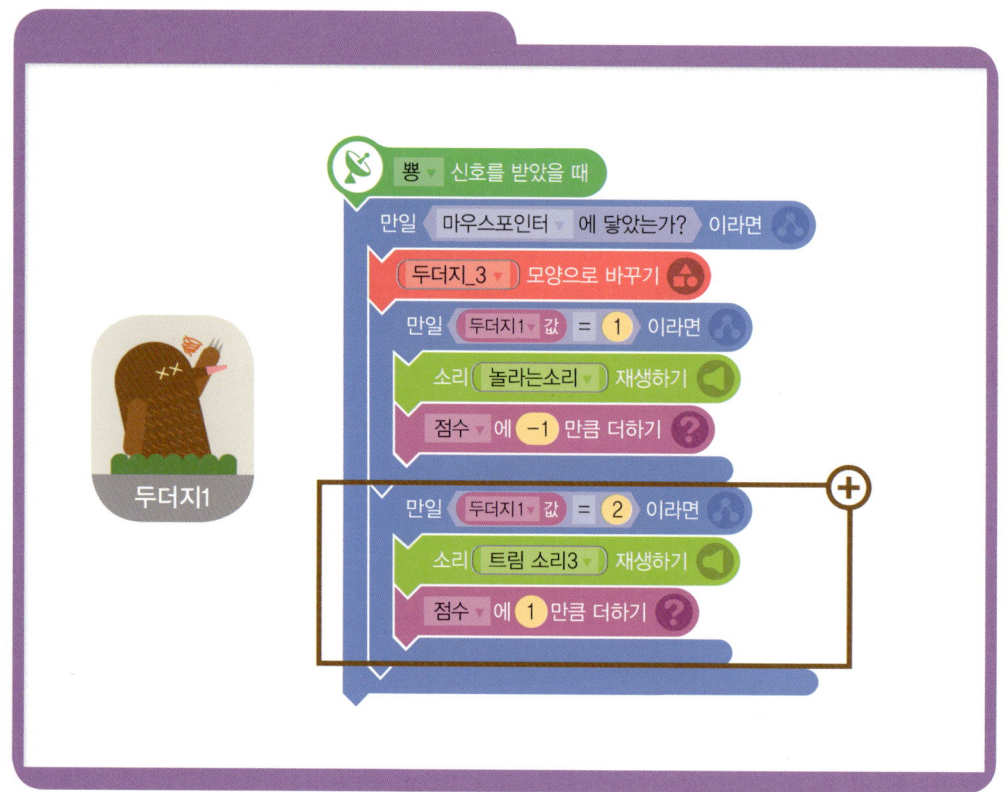

1 🔺흐름 블록꾸러미에서 `만일 참 이라면` 을 끌어다 조건 블록 바깥쪽에 연결합니다.

2 ✓판단 블록꾸러미에서 `10 = 10` 을 끌어다 `참` 부분에 끼워 넣고, 뒤쪽 `10` 을 2로 바꿉니다.

3 ?자료 블록꾸러미에서 `두더지1 값` 을 끌어다 앞쪽 `10` 부분에 끼워 넣습니다.

▶뽕 신호를 받은 상태에서 마우스포인터에 두더지1이 닿아 있고 변수 '두더지1'의 값이 2라면, 아래의 명령어를 실행합니다. 하나라도 안 맞으면 실행되지 않습니다.

4 소리 탭에서 '소리 추가'를 클릭하고, '트림 소리3'을 선택해 적용합니다.

5 소리 블록꾸러미에서 `소리 트림 소리3 재생하기` 를 끌어다 연결합니다.

6 ? 자료 블록꾸러미에서 `두더지1에 10만큼 더하기` 를 끌어다 연결하고, ▼를 클릭해 '점수'를 선택합니다. `10`은 1로 바꿉니다.

Step3 만들기-⑦

두더지는 잡히면 화면에서 사라집니다.

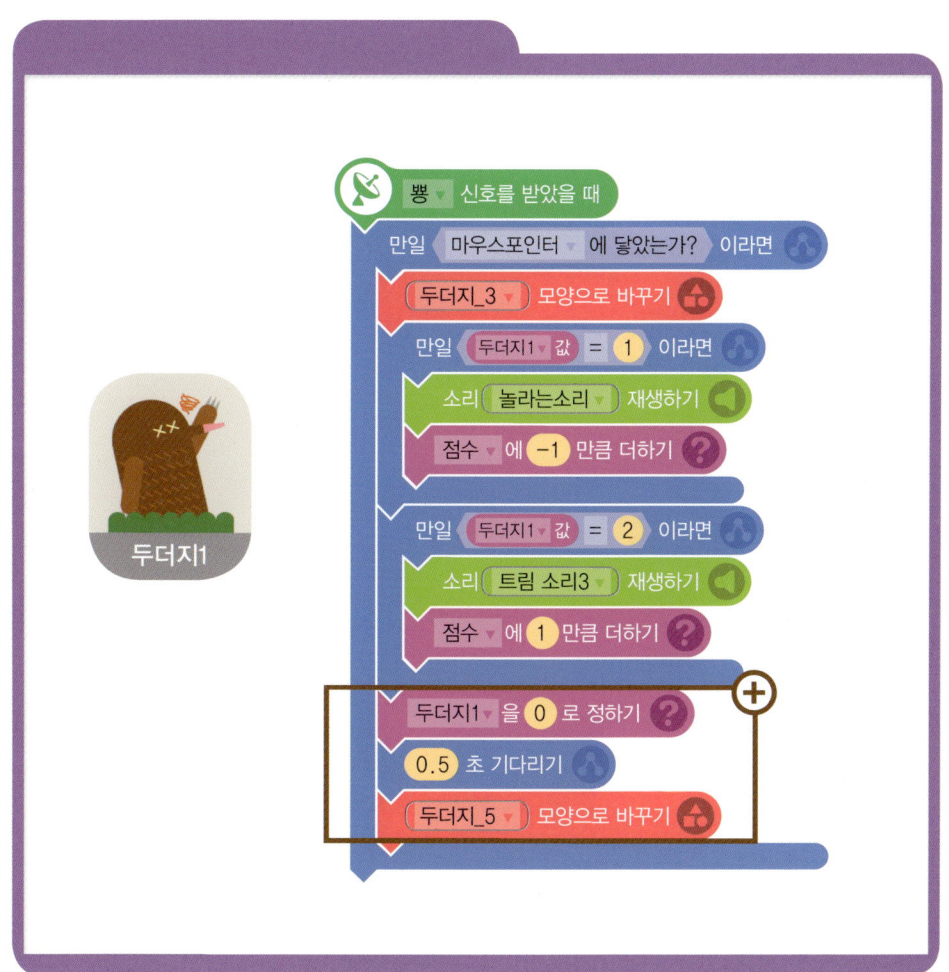

1 ❓**자료** 블록꾸러미에서 `두더지1▼를 10로 정하기` 를 끌어다 조건 블록 바깥쪽에 연결하고, 0으로 바꿉니다.

▶ 다시 기본 상태인 0으로 바꿔 주지 않으면 클릭을 여러 번 했을 때 점수가 중복 계산될 수 있습니다.

2 🔺**흐름** 블록꾸러미에서 `2초 기다리기` 를 끌어다 연결하고, 0.5초로 바꿉니다.

▶ 두더지가 잡힌 모습을 잠시 유지해 줍니다. 시간이 너무 길면 게임이 지루해지고, 너무 짧으면 모양을 눈으로 확인할 수 없습니다.

3 🔺**생김새** 블록꾸러미에서 `두더지_1▼ 모양으로 바꾸기` 를 끌어다 연결하고, ▼를 클릭해 '두더지_5'를 선택합니다.

🖱 Step3 만들기-⑧

3개의 구멍에서 두더지가 무작위로 나옵니다.

1  두더지1과 같은 오브젝트가 2개 더 있어야 하므로, 오브젝트 목록에서 '두더지1' 오브젝트를 선택한 뒤 마우스 오른쪽 버튼을 클릭해 복제합니다.

아까 왜 두더지 3마리를 모두 배치하지 않았는지 물었지? 두더지2, 두더지3은 두더지1과 코드가 같아서 코드까지 통째로 복사하는 게 쉽기 때문이야.

아하! 그렇구나.

2  복제한 '두더지2' 오브젝트의 위치를 바꿉니다.

▶ 두더지2의 X좌표를 0으로 바꿉니다.

3 속성 탭에서 '변수'를 선택하고 '변수 추가'를 클릭해, '두더지2' 변수를 만듭니다.

▶ '두더지2' 변수가 실행화면에서 보이지 않도록 설정합니다.

이 부분을 클릭해 초록색 체크를 없앱니다.

4 '두더지2' 오브젝트의 코드를 수정합니다. 변수가 '두더지1'으로 되어 있는 것을 모두 '두더지2'로 바꿉니다.

▶ ☐ 부분이 바뀌는 부분입니다. ❓자료 블록꾸러미의 블록들은 변수와 관련되어 있으니 주의 깊게 살펴야 합니다.

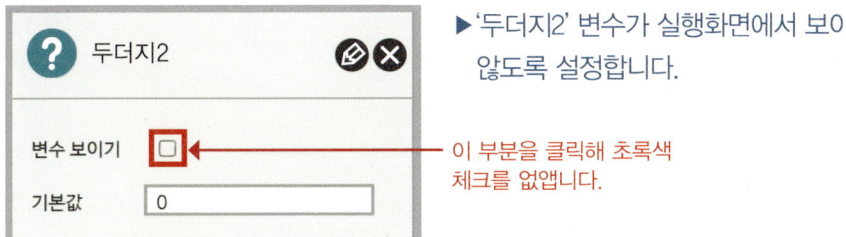

5  오브젝트 목록에서 '두더지2'를 복제해 '두더지3' 오브젝트를 만들고, 위치를 바꿉니다.

▶두더지3의 X좌표를 160으로 바꿉니다.

6 속성 탭에서 '변수'를 선택하고 '변수 추가'를 클릭해, '두더지3' 변수를 만듭니다.

7 '두더지3' 오브젝트의 코드를 수정합니다. 변수가 '두더지2'로 되어 있는 것을 모두 '두더지3'으로 바꿉니다.

뽕망치를 오브젝트 목록의 맨 위로 옮겨 줘야 실행화면에서 맨 앞에 오게 되어 두더지에 가리지 않아요.

게임이 시작된 지 30초가 지나면 결과 화면으로 넘어가며 게임이 끝납니다.

1 🚩시작 블록꾸러미에서 `장면이 시작되었을 때` 를 끌어다 놓습니다.

2 흐름 블록꾸러미에서 `계속 반복하기` 를 끌어다 연결합니다.

3 ⋏ 흐름 블록꾸러미에서 `만일 참 이라면` 을 끌어다 반복 블록 안쪽에 연결합니다.

4 ✓ 판단 블록꾸러미에서 `10 > 10` 을 끌어다 `참` 부분에 끼워 넣고, 뒤쪽 `10` 을 30으로 바꿉니다.

5 ÷ 계산 블록꾸러미에서 `초시계 값` 을 끌어다 앞쪽 `10` 부분에 끼워 넣습니다.

▶초시계 값이 30보다 커지면 아래의 명령어가 실행됩니다.

6 ÷ 계산 블록꾸러미에서 `초시계 숨기기` 를 끌어다 조건 블록 안쪽에 연결합니다.

▶게임이 끝나면 초시계가 더 이상 필요 없기 때문에 초시계를 숨겨 줍니다.

7 ▶ 시작 블록꾸러미에서 `다음 장면 시작하기` 를 끌어다 연결합니다.

🖱 장면3 오브젝트 배치하기

1 장면2의 이름을 '게임화면'으로 바꿉니다. 장면 추가 버튼을 눌러 '장면3'을 만들고 이름을 '결과'로 바꿉니다.

2 '오브젝트 추가하기▶배경▶실외▶무대'를 선택해 배경을 만듭니다.

3 '오브젝트 추가하기▶ 글상자 탭'을 선택한 뒤, '당신의 점수는'을 글상자 칸에 쓰고 적용합니다. 오브젝트 목록에서 글상자의 이름과 크기를 바꿉니다.

▶글자 모양을 한라산체로 선택합니다.
▶배경색을 투명으로 선택합니다.
▶글상자의 이름을 '점수'로 바꿉니다.
▶글상자의 크기를 120으로 바꿉니다.

4 적절하게 배치되었는지 확인합니다.

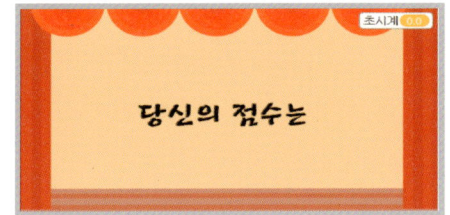

Step4 만들기

결과 화면에 점수가 나타납니다.

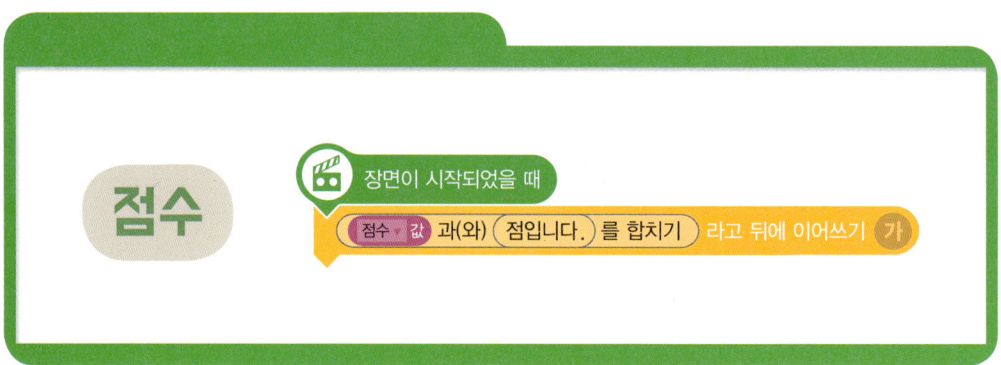

1 ▶ 시작 블록꾸러미에서 `장면이 시작되었을 때` 를 끌어다 놓습니다.

2 가 글상자 블록꾸러미에서 `엔트리 라고 뒤에 이어쓰기 가` 를 끌어다 연결합니다.
▶ 글상자의 뒤에 이어서 글자가 나타납니다.

3 계산 블록꾸러미에서 `안녕! 과(와) 엔트리 를 합치기` 를 끌어다 `엔트리` 부분에 끼워 넣고, 뒤쪽의 `엔트리` 를 '점입니다.'로 바꿉니다.

4 ? 자료 블록꾸러미에서 `두더지3 값` 을 끌어다 앞쪽 `안녕!` 에 끼워 넣고, ▼를 클릭해 '점수'를 선택합니다.
▶ '점수 값'과 '점입니다.'가 이어서 나옵니다.

> 합치기 블록은 둘 이상의 글자를 이어서 보여 주기 위해 사용합니다.

 # 전체 코드 확인하기

블록이 잘 조립되었는지 확인하고, 시작하기 버튼을 눌러 실행해 봅시다.

장면1

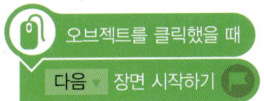

장면2

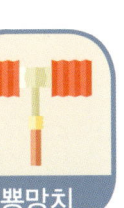

장면3

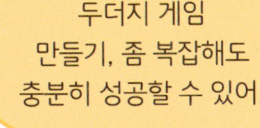

두더지 게임을 잘 만들어 보았나요? 3마리로는 너무 쉬웠다고요?
사실 보통의 두더지 게임은 두더지가 6마리 이상이지요.
그렇다면 게임 난이도를 좀 더 높여 볼까요?

 두더지를 6마리로 늘리고, 두더지가 더 자주 구멍에서 나오게 해 보세요.

마지막 미션까지 잘 해결했나요?
이제 저는 마지막 아이템인 '백마'를 얻어
견습 기사에서 벗어나 당당한 기사가 되었습니다.
제가 훌륭한 기사로 성장한 만큼 여러분의 코딩 실력도
더욱 업그레이드된 것입니다. 앞으로 더욱 실력을
키워 멋진 작품을 만들어 보세요!

코딩 Level Up! 정답 페이지

20쪽

https://goo.gl/N9NQAA

▶ 장면2를 추가하고, '오브젝트 추가하기▶배경▶실외▶공동묘지'를 선택해 배경을 만듭니다.

▶ 오브젝트 추가하기▶ 글상자 탭을 선택한 뒤, 'Game Over'를 글상자 칸에 쓰고 적용합니다. 글자색을 흰색, 배경색을 투명으로 선택합니다.

코드 완성

▶ 장면1에서 주황 물고기가 상어(1)에 닿았을 때, 모든 코드 멈추기 대신 다음 장면이 시작되게 합니다.

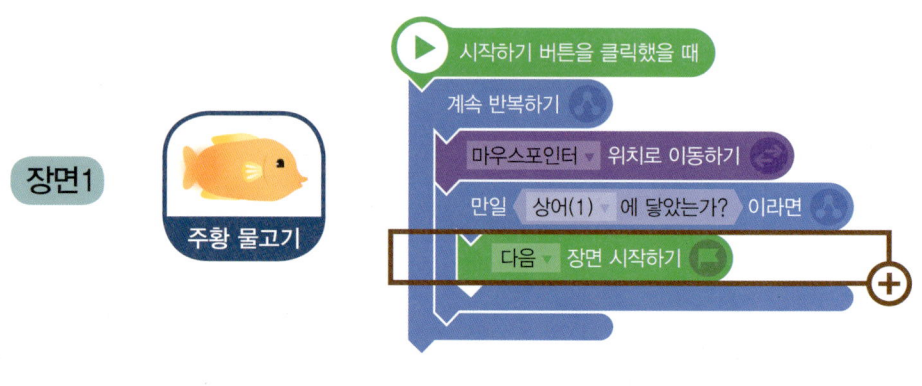

▶ 장면2에서 글상자에 '천둥' 소리를 추가하고, 장면이 시작되었을 때 천둥소리가 재생되도록 코딩합니다.

 https://goo.gl/FyFNvz

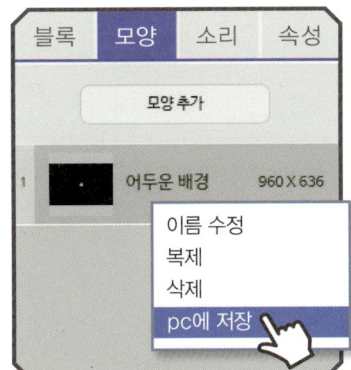

▶ 배경에 쓰일 '어두운 배경' 오브젝트를 완성 작품에서 다운로드합니다.

▶ '오브젝트 추가하기 ▶ 파일 업로드 탭 ▶ 파일추가'를 선택해 '어두운 배경' 오브젝트를 추가하고, 어두운 배경의 투명한 부분에 곰이 보이도록 위치를 정합니다.

▶ 곰의 위치를 따라 이동할 수 있도록 곰(1) 위치로 이동하기 를 사용합니다.

코드 완성

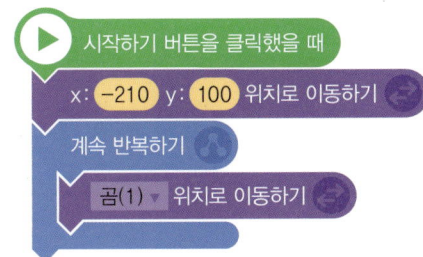

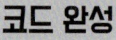

▶ 공의 속도를 계속 바꿔 주기 위해서 무작위 수를 사용합니다.

▶ 조건 블록을 이용해 벽에 닿을 때마다 탬버린2 소리가 들리도록 합니다.

▶ 소리 탭에서 '소리 추가'를 클릭하고, '악기▶기타타악기▶탬버린2'를 선택해 적용합니다.

무작위 수의 범위는 자신이 원하는 대로 정하면 됩니다.

코드 완성

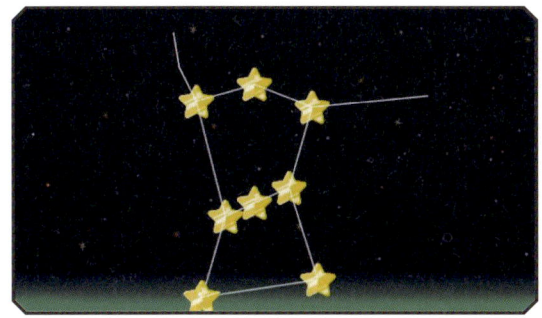

▶ 별이 움직인 자리에 흰색 선을 그려서 오리온자리 모양을 만듭니다.

▶ '오브젝트 추가하기▶배경▶자연▶별 헤는 밤'을 선택해 배경을 만듭니다.

▶ '오브젝트 추가하기▶인터페이스▶큰별(노랑)'을 선택해 오브젝트를 추가하고, 오브젝트 목록에서 위치와 크기를 바꿉니다.

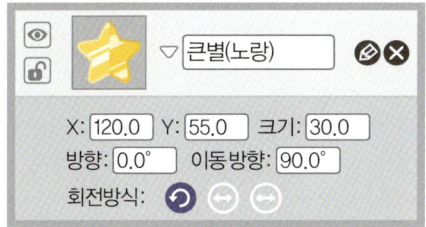

▶ 배경색이 어둡기 때문에 별을 따라 그려지는 붓의 색깔은 흰색으로 합니다.

▶ 별 모양이 생겨야 하는 지점에 별이 도착하면, '도장찍기' 블록을 사용해서 그 자리에 별 모양이 생기게 합니다.

코드 완성

큰별(노랑)

▶ 내가 내는 것에 맞춰서 항상 지는 걸 내도록 컴퓨터 오브젝트의 코드를 수정합니다.

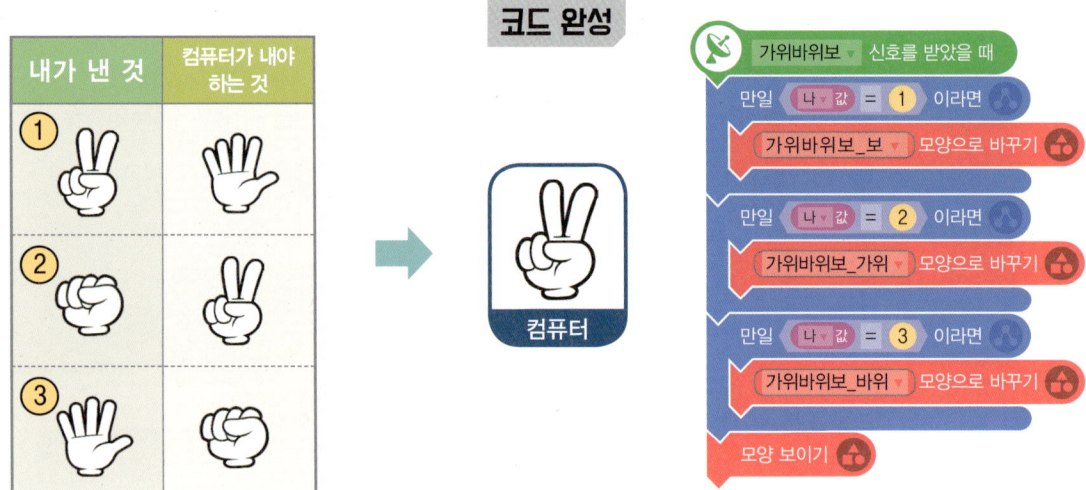

 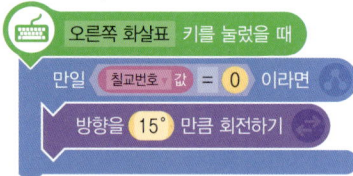

코드 완성

 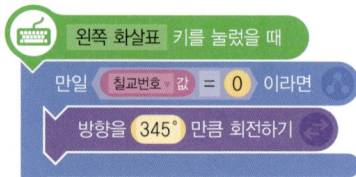

▶ 오른쪽 화살표 키를 눌렀을 때 오른쪽으로 15° 회전합니다.

▶ 왼쪽 화살표 키를 눌렀을 때 345°(왼쪽으로 15°) 회전합니다.

▶ 스페이스 키를 눌렀을 때 좌우 모양이 뒤집힙니다.

나머지 칠교놀이 조각도 모두 수정합니다. 칠교번호값은 각각 다르니 주의하세요!

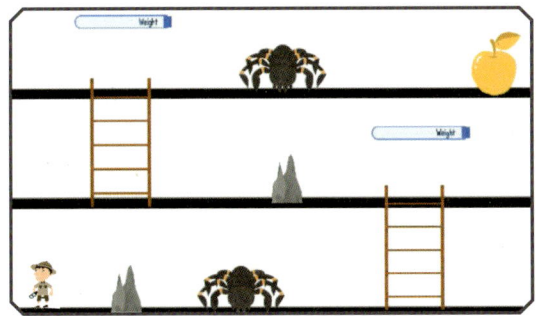

▶ 황금사과가 3층에 놓이도록 화면을 구성하고 바위 장애물, 거미 및 센서를 추가해 위치를 잡아 줍니다.

▶ 오브젝트 목록에서 '거미' 오브젝트를 복제해 '거미1' 오브젝트를 만듭니다.

코드 완성

▶ 몇 층에 있는 센서와 사다리인지에 따라 코드가 달라집니다.

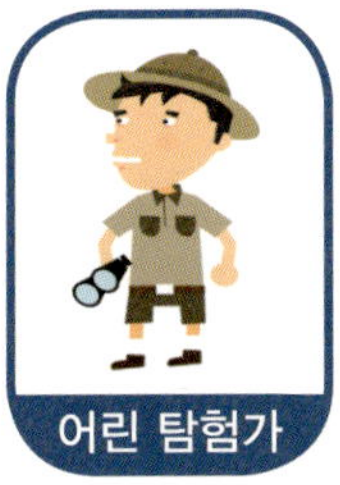

	1~2층	2~3층
사다리 올라가기	위쪽 화살표 키를 눌렀을 때 만일 사다리1에 닿았는가? 이라면 y좌표를 10 만큼 바꾸기	위쪽 화살표 키를 눌렀을 때 만일 사다리2에 닿았는가? 이라면 y좌표를 10 만큼 바꾸기
사다리 내려가기	아래쪽 화살표 키를 눌렀을 때 만일 사다리1에 닿았는가? 이라면 y좌표를 -10 만큼 바꾸기 만일 1층에 닿았는가? 이라면 y: -105 위치로 이동하기	아래쪽 화살표 키를 눌렀을 때 만일 사다리2에 닿았는가? 이라면 y좌표를 -20 만큼 바꾸기 만일 2층에 닿았는가? 이라면 y: -10 위치로 이동하기
센서에 닿았을때	시작하기 버튼을 클릭했을 때 계속 반복하기 만일 센서에 닿았는가? 이라면 y: -10 위치로 이동하기	시작하기 버튼을 클릭했을 때 계속 반복하기 만일 센서1에 닿았는가? 이라면 y: 85 위치로 이동하기

어린 탐험가

▶ 장면2(게임화면)에서 코드를 수정합니다.

▶ 잔디밭 오브젝트를 삭제하고 '오브젝트 추가하기▶배경▶자연▶달 표면'을 선택해 배경을 만듭니다.

▶ '두더지1' 오브젝트를 복제해 두더지를 모두 6마리로 만들고, 왼쪽 화면처럼 두더지가 윗줄과 아랫줄에 3마리씩 나타나도록 위치를 정해 줍니다.

코드 완성

▶ 두더지4~6의 변수를 만들고, 블록에서 변수 부분을 각 두더지에 맞게 수정합니다.

▶ 두더지가 나타나는 속도를 무작위 수로 정할 때, 그 범위를 좁게 잡으면 두더지가 나타나는 속도를 더 빠르게 할 수 있습니다.

▶ 각 두더지 오브젝트마다 무작위 수를 다르게 설정하면 두더지가 나타나는 속도가 다양해집니다.

두더지마다 무작위 수를 다르게 설정해 보세요.

두더지4 코드를 참고로 두더지5, 두더지6도 코딩합니다. 이때 ☐ 부분이 모두 바뀌는 부분이니 주의 깊게 살펴야 합니다.